Knaur

Über die Autorin:

Belinda Rodik arbeitet als freie Journalistin, Werbetexterin und Drehbuchautorin. Sie beschäftigt sich seit zehn Jahren intensiv mit Tarot und Astrologie und ist zur Zeit Erste Vorsitzende des *Allgemeinen Deutschen Tarot-Vereins*. Belinda Rodik hält Vorträge und Seminare über Tarot, häufig auch in Kombination mit Astrologie.

Belinda Rodik
Das persönliche Taroskop

Krebs 22.6. – 22.7.

1999

Knaur

Originalausgabe August 1998
Copyright © 1998 bei Droemersche Verlagsanstalt Th. Knaur Nachf., München
Das Werk einschließlich aller seiner Teile ist urheberrechtlich geschützt.
Alle Rechte vorbehalten. Das Werk darf - auch teilweise - nur
mit Genehmigung des Verlages wiedergegeben werden.
Umschlaggestaltung Agentur Zero, München
Layout Sabine Hüttenkofer, München
Druck und Bindung Ebner Ulm
Printed in Germany
ISBN 3-426-86185-2

5   4   3   2   1

INHALT

Einführung _____ 7

    Was ist ein Taroskop? _____ 8
    Wie funktioniert das Taroskop? _____ 10
    Die Zuordnungen _____ 12
    Vier Gründe, sich nicht zu wundern _____ 18
    Krebs, des Mondes Lieblingskinder auf den
    wechselvollen Wogen zwischen Ebbe und Flut ___ 21

Ihr Taroskop für 1999 _____ 25

    Januar _____ 26
    Februar _____ 34
    März _____ 42
    April _____ 50
    Mai _____ 58
    Juni _____ 66
    Juli _____ 74
    August _____ 82
    September _____ 90
    Oktober _____ 98
    November _____ 106
    Dezember _____ 114

Einführung

WAS IST EIN TAROSKOP?

Diese Frage läßt sich ganz einfach beantworten: Ein Taroskop ist ein Horoskop, das anhand der Tarotkarten gedeutet wird.
Genau wie die Astrologie einen Tierkreis beschreibt, so dient auch der Tarot als Berater im Zyklus unseres Lebens. Tugenden und Laster, Botschaften und Erkenntnisse zeigen die Karten in gleicher Weise auf wie die Sterne, und beide bieten sich uns als Wegbereiter, Helfer und Lehrmeister an. Sie zeigen die Licht- und Schattenseiten unseres Daseins, deuten auf unsere Fehler und Verfehlungen hin. Sie ebnen uns den Weg zu einem besseren, sinnvolleren, erfüllteren Leben.
So muß man sich nicht wundern, daß sich die größten Tarotgelehrten, unter ihnen Paul Foster Case, Papus, C.C. Zain und Aleister Crowley, bei ihren Forschungen auch intensivst mit den Zuordnungen der Tarotkarten zu den astrologischen Tierkreiszeichen und ihren Planeten beschäftigten. Ihre Forschungsarbeit diente dazu, beide westlichen Orakel- und Erkenntnissysteme sinnvoll miteinander zu verbinden - sie zu einem übergeordneten Ganzen werden zu lassen. Das Taroskop setzt am Ende ihrer Arbeit ein. Es schließt nahtlos an die Horoskoplehre der Astrologie an und baut zudem noch auf ihr auf. Das Taroskop erweitert die Sternendeutung um den Aspekt der Tarotkarten.
Wer sich mit Astrologie bereits näher beschäftigt hat, weiß, daß nicht die Planeten allein und ihre Stellung im Horoskop ausschlaggebend sind. Vielmehr geben ihre Aspekte - ihre wechselnden Winkelbeziehungen zueinander - den Ausschlag für das Auf und Ab des Lebens, das sie widerspiegeln.
Im Taroskop sind den einzelnen Planeten die 78 Karten des Tarot zugeordnet, und genauso wie in einem normalen Horoskop die Winkelbeziehungen zwischen den einzelnen Planeten untersucht werden, sind hier die Aussagen der Tarotkarten maßgeblich.

Der Tarot wurde noch nie ausschließlich zum Legen von Orakelsystemen verwendet. Von den meisten Menschen wird er zur Verbesserung ihrer Lebensqualität eingesetzt. Sie ziehen die Karten und lassen sie zu sich sprechen, um sich selbst und ihre Umgebung besser kennenzulernen.

Bislang galt allerdings die Regel: Nur eine Karte pro Tag ziehen, die sogenannte Tageskarte. Das Taroskop bietet aber mehr! Es untersucht die Planetenkonstellationen der einzelnen Tierkreiszeichen und setzt diese dann in Beziehung zu den Tarotkarten. So ergeben sich Woche für Woche neue Kartenzusammenstellungen, die für jeden einzelnen von großer Bedeutung sein können! Sie als Leser des Taroskops müssen allerdings weder etwas über Tarot noch Astrologie wissen. Sie können sich einfach von den Beschreibungen durch das Jahr leiten und die Karten Schritt für Schritt zu sich sprechen lassen – ohne Grundkenntnisse, geschweige denn jahrelange Beschäftigung mit den Orakelsystemen.

Lassen Sie Woche für Woche die Tarotkarten zu sich sprechen, nutzen Sie ihre Aussagen und Kräfte. Nehmen Sie deren gute Wirkungen auf. Versuchen Sie mit Hilfe des Taroskops, die negativen Schwingungen und Kräfte in Ihrem Leben zu verstehen und dadurch zu beseitigen oder wenigstens in ihrer Auswirkung abzuschwächen.

WIE FUNKTIONIERT DAS TAROSKOP?

Jeder Woche sind eine oder mehrere ganz persönliche Tarotkarten zugeordnet. Lesen Sie die Aussagetexte genau durch, und lassen Sie die einzelnen Karten auf sich wirken!
Was sehen Sie in dem Bild? Was will Ihnen die Karte mitteilen?
Sollten Sie ein eigenes Tarotset besitzen, tragen Sie die betreffende Karte im Alltag bei sich. So können Sie auch während des Tages öfters einen Blick auf Ihre persönliche Tarotkarte werfen und sie zu sich sprechen lassen. Da jeder Karte eine Farbe, ein Aroma, ein edler Stein und eine Pflanze mit heilender oder wohltuender Wirkung zugeordnet werden, sind für jede Woche neue »Wohlfühlhelfer« angegeben. Wagen Sie es ruhig, auch mit Farben, Steinen usw. zu arbeiten, kombinieren Sie diese mit dem Tarot. Auf diese Weise können Sie noch größeren Nutzen aus dem Taroskop ziehen! Ganz gleich, ob Sie eine Kerze in der jeweils angegebenen Farbe entzünden, ein Wattebällchen mit Aromaöl beträufeln und damit Ihre Wohnung aromatisieren oder einen Heilpflanzentee aufbrühen – alles kann und wird Sie unterstützen.
Kombiniert mit Ihren persönlichen Helfern können die Tarotkarten äußerst positive Veränderungen in Ihrem Leben bewirken, ohne daß Sie dies gleich bemerken, denn die Karten gehen subtil und geräuschlos vor – doch lassen die positiven Wendungen nicht auf sich warten!
Sollten Ihnen die Karten einmal nicht so wohlgesonnen sein und sich von ihrer Schattenseite präsentieren, so bestehen doch günstige Chancen, negative Aspekte Ihres Lebens auszuschalten oder zumindest zu verringern. Sie können auch Ihre Einstellung zu manch unschönen Dingen in Ihrem Leben verändern oder neu überdenken!

Auch hier gilt: Betrachten Sie die Karte in aller Ruhe etwas länger, befühlen Sie die Karte, und lassen Sie diese intensiv auf sich wirken. Erst wenn wir uns der negativen Schwingungen bewußt werden, können wir sie ausschalten bzw. erträglicher machen!

Beachten Sie bitte!

Die Aromazuordnungen beziehen sich selbstverständlich ausschließlich auf Duftöle, die in speziellen Lampen in Wasser gegossen und verdampft werden. Diese Aromen dürfen Sie nicht in Hautcremes oder ähnlichem verarbeiten! Eine Ausnahme sind Duftbällchen. Diese können Sie herstellen, indem Sie Wattebäuschchen mit etwas Aromaöl beträufeln und in Ihrer Wohnung verteilen! Keinesfalls dürfen Sie die Aromaöle direkt auf Ihre Haut auftragen oder zu sich nehmen!
Sind Sie schwanger, so müssen Sie äußerst vorsichtig mit Duftölen umgehen! Fragen Sie unbedingt Ihren Arzt!
Für den Fall, daß Sie allergisch auf bestimmte Pflanzen reagieren, z. B. Kamille, dürfen Sie damit weder einen Tee aufbrühen noch ein Bad bereiten! Die heilenden Kräfte der Natur setzen nur ein, wenn wir sie auch vertragen und sinnvoll anwenden!

Viel Spaß und vor allen Dingen viel Erfolg
mit Ihrem persönlichen Taroskop!

DIE ZUORDNUNGEN

Wie bereits erwähnt, beschäftigten sich Tarotforscher seit dem Entstehen des esoterischen Tarot mit den Zuordnungen der Karten zu den Tierkreiszeichen und deren Planeten. Und gerade diese gedanklichen Verbindungen fesseln Autoren wie Tarotgelehrte bis heute.

Da es 22 Große Arkana, 56 Kleine Arkana, aber nur zwölf Tierkreiszeichen und lediglich zehn Planeten (in der Astrologie zählen auch Sonne und Mond zu den Planeten) gibt, fällt ein Ordnungssystem auf den ersten Blick nicht ins Auge. Einige Tarotautoren scheinen ziemlich wahllos, nach einer Art »Würfelverfahren«, die Positionen zuzuordnen, andere äußern die kompliziertesten Meinungen und entwickeln die verwegensten Theorien.

Die gängigste, wohl auch sinnvollste Lehrmeinung über die Zuordnungen ist noch immer die des »Golden Dawn«. Daher sind auch die Karten des Golden-Dawn-Schülers Arthur Edward Waite in diesem Taroskop abgebildet.

Der Golden Dawn, dt. Hermetischer Orden der goldenen Dämmerung, wirkte um die Jahrhundertwende besonders aktiv, und viele der größten Tarotforscher dieser Zeit begannen ihre Karriere im Golden Dawn. Die astrologischen Zuordnungen des Ordens basieren auf jahrelangen Forschungen und Auseinandersetzungen der großen Geister des Tarot mit der komplizierten Materie.

Zu beachten ist allerdings, daß die Zuordnungen zwar theoretisch immer gleich bleiben, die praktische Anwendung jedoch variiert. Dies liegt daran, daß die Farben, Blüten, Steine und Düfte nicht immer wirksam eingesetzt werden können, auch wenn sie einer bestimmten Karte zugeordnet sind und diese zum Einsatz kommt.

Sicher wird Ihnen auffallen, daß z. B. den Tarotkarten Herrscher und Turm die Farbe Rot, der Blutstein und Jaspis als edle Steine, die Brennessel als Pflanze und die Myrrhe und Kamille als Aromen zugeordnet sind. Es kann aber durchaus vorkommen, daß zwar der Herrscher und der Turm in einer Woche Ihre persönlichen Karten sind, als Farbe aber Blau empfohlen wird. Dies liegt daran, daß die Karten sich möglicherweise von ihrer dunkleren Seite zeigen und Sie nervös und aufgebracht reagieren können. In so einem Fall brauchen Sie kein Rot – dies würde Sie nur noch mehr aufregen –, statt dessen sollten Sie dann besser zum kühlen, beruhigenden Blau greifen! Bei anderen Zuordnungen kann ähnliches geschehen.

Den nachfolgenden Tabellen können Sie die einzelnen Zuordnungen entnehmen, wie sie normalerweise gelten. Sollten die Karten nicht positiv auf Sie einwirken, dann müssen Sie zu anderen »Wohlfühlhelfern« greifen, um Negatives wieder auszugleichen.

ÜBERSICHT DER EINZELNEN ZUORDNUNGEN

Karte	Große Arkana	Planet	Farbe
0	Der Narr	Uranus	Orange, Violett
1	Der Magier	Merkur	Gelb
2	Die Hohepriesterin	Mond	Silber, Silberblau
3	Die Herrscherin	Venus	Grün
4	Der Herrscher	Mars	Rot
5	Der Hierophant	Venus	Grün
6	Die Liebenden	Merkur	Gelb
7	Der Wagen	Mond	Silber, Silberblau
8	Die Kraft	Sonne	Gold
9	Der Eremit	Merkur	Gelb
10	Rad des Schicksals	Jupiter	Blau
11	Gerechtigkeit	Venus	Grün
12	Der Gehängte	Neptun	Rotviolett
13	Tod	Pluto	Rotbraun
14	Ausgleich	Jupiter	Blau
15	Der Teufel	Saturn	Indigo
16	Der Turm	Mars	Rot
17	Der Stern	Uranus	Orange, Violett
18	Der Mond	Neptun	Rotviolett
19	Die Sonne	Sonne	Gold
20	Das Gericht	Pluto	Rotbraun
21	Die Welt	Saturn	Indigo

Edler Stein	Pflanze	Aroma
Aquamarin	Kiefer	Sandelholz
Tigerauge, Citrin	Majoran, Minze, Bergamotte	Salbei, Limone
Perle, Mondstein, Rosenquarz	Rosmarin, Iris	Weihrauch, Jasmin
Smaragd, Karneol	Thymian, Veilchen	Rose, Vanille
Jaspis, Blutstein	Geranie, Basilikum	Myrrhe, Kamille
Smaragd, Karneol	Thymian, Veilchen	Rose, Vanille
Tigerauge, Citrin	Majoran, Minze, Bergamotte	Salbei, Limone
Perle	Rosmarin, Iris	Weihrauch, Jasmin
Diamant, Goldtopas, Bergkristall	Lorbeer, Rose, Sonnenblume	Moschus, Orange, Amber
Tigerauge, Citrin	Majoran, Minze, Bergamotte	Salbei, Limone
Lapislazuli, Saphir	Lavendel, Kamille	Aloeholz, Blutorange
Smaragd, Karneol	Thymian, Veilchen	Rose, Vanille
Amethyst	Jasmin, Nelke	Honigmyrte
Granat	Ingwer, Tanne	Patchouli, Galbanum
Lapislazuli, Saphir	Lavendel, Kamille	Aloeholz, Blutorange
Onyx, Chalzedon	Mistel, Koriander	Zypresse, Eukalyptus
Jaspis, Blutstein	Geranie, Basilikum	Myrrhe, Kamille
Aquamarin	Kiefer	Sandelholz
Amethyst	Jasmin, Iris	Honigmyrte
Diamant, Goldtopas, Bergkristall	Lorbeer, Rose, Sonnenblume	Moschus, Orange, Amber
Granat	Ingwer, Tanne	Patchouli, Galbanum
Onyx, Chalzedon	Mistel, Koriander	Zypresse

ZUORDNUNGEN DER KLEINEN ARKANA

Karte	Planet	Karte	Planet
2 der Stäbe	Mars	2 der Münzen	Saturn
3 der Stäbe	Mars	3 der Münzen	Saturn
4 der Stäbe	Mars	4 der Münzen	Saturn
5 der Stäbe	Sonne	5 der Münzen	Venus
6 der Stäbe	Sonne	6 der Münzen	Venus
7 der Stäbe	Sonne	7 der Münzen	Venus
8 der Stäbe	Jupiter	8 der Münzen	Merkur
9 der Stäbe	Jupiter	9 der Münzen	Merkur
10 der Stäbe	Jupiter	10 der Münzen	Merkur
Bube der Stäbe	Jupiter	Bube der Münzen	Saturn
Ritter der Stäbe	Jupiter	Ritter der Münzen	Saturn
Königin der Stäbe	Sonne	Königin der Münzen	Merkur
König der Stäbe	Sonne	König der Münzen	Merkur
As der Stäbe	Mars	As der Münzen	Venus

Karte	Planet	Karte	Planet
2 der Schwerter	Venus	2 der Kelche	Mond
3 der Schwerter	Venus	3 der Kelche	Mond
4 der Schwerter	Venus	4 der Kelche	Mond
5 der Schwerter	Uranus	5 der Kelche	Pluto
6 der Schwerter	Uranus	6 der Kelche	Pluto
7 der Schwerter	Uranus	7 der Kelche	Pluto
8 der Schwerter	Merkur	8 der Kelche	Neptun
9 der Schwerter	Merkur	9 der Kelche	Neptun
10 der Schwerter	Merkur	10 der Kelche	Neptun
Bube der Schwerter	Uranus	Bube der Kelche	Neptun
Ritter der Schwerter	Uranus	Ritter der Kelche	Neptun
Königin der Schwerter	Venus	Königin der Kelche	Pluto
König der Schwerter	Venus	König der Kelche	Pluto
As der Schwerter	Merkur	As der Kelche	Mond

Die Zuordnungen der Kleinen Arkana zu den Düften, Pflanzen, Steinen und Farben gelten wie bei den Großen Arkana auf der vorhergehenden Seite. Sie müssen dazu lediglich nach dem Planeten sehen und über diesen in der ersten Tabelle nachlesen!

VIER GRÜNDE, SICH NICHT ZU WUNDERN

Nun müssen noch ein paar »technische« Details des Taroskops erklärt werden, denn sonst könnte es doch passieren, daß Sie etwas ins Staunen geraten!

Verwunderlich, daß die gleichen Karten wiederkommen?
Nein. Die Tarotkarten sind ja den Planeten zugeordnet. In der Astrologie spricht man bei Merkur und Venus von den »Schnelläufern«. Diese beiden sausen während eines Jahres regelrecht durch den Tierkreis. Demzufolge werden Merkur und Venus natürlich auch für jedes Tierkreiszeichen in jedem Jahr gleich ein paarmal wichtig!
Im Taroskop werden die Planeten durch die Karten, die ihnen zugeordnet sind, ersetzt. Erscheint Merkur, dann sind die dem Merkur zugeordneten Karten an der Reihe. Da Merkur aber ein ganz Flinker ist, taucht er sehr häufig auf. Manche Karten werden dadurch mehrmals im Jahr von Bedeutung für Sie sein.

Verwunderlich, daß manche Karten gar nicht auftauchen?
Nun, manche der Tarotkarten werden den langsamen Planeten Jupiter und Saturn zugeordnet. Wieder andere Uranus, Neptun und Pluto. Besonders die drei Letztgenannten können wie angenagelt in einem Tierkreiszeichen stehen. Durch diese Bewegungslosigkeit aber bleiben sie für das ein oder andere Tierkreiszeichen sehr lange von Bedeutung, für andere werden sie erst im nächsten Jahr wichtig werden. Also kein Grund, sich zu wundern, wenn manche Karten nicht auftauchen. Diese sind dann im Taroskop nicht von Bedeutung für Sie.

Verwunderlich, daß für Krebs manchmal das gleiche gilt wie für Zwillinge, Löwe, Steinbock usw., zu anderen Zeitpunkten?
Gleich vorweg: Wäre es nicht so, hätten Sie tatsächlich Grund, sich zu wundern. Die Planeten und ihre Aspekte gelten ja nicht nur für die Krebse allein, sondern

für jedes Tierkreiszeichen. Nur zu einem anderen Zeitpunkt. Also können durchaus die gleichen Kartenkombinationen auftauchen. Die Aussage der Karten aber ändert sich nicht, nur weil sie das eine Mal für Krebs, das andere Mal für Stier gelten. Es bleibt nur die Frage, wie die einzelnen Vertreter der Sternzeichen auf die Karten reagieren. Möchte eine Karte Sie beispielsweise zu mehr Disziplin auffordern, kann dies bei einem typischen Krebs sogar zwei verschiedene Verhaltensweisen auslösen. Zum einen könnte es Sie zu einem wahren Arbeitswahn veranlassen, zum anderen ist auch gut möglich, daß Sie im Augenblick eher eine andere Phase haben und der Krebs in Ihnen etwas erschrocken drei Schritte rückwärts geht. Für einen Stier hingegen ist das Wort Disziplin so alltäglich, daß er sich vielleicht wundert, warum es überhaupt ausgesprochen werden muß. Während das Wort »Disziplin« bei einem Wassermann das genaue Gegenteil erreichen kann. Er setzt sich ab ins Irgendwo, weil er ganz einfach das Wort nicht ausstehen kann. Ein Löwe hingegen wird einen majestätischen Brüller von sich geben, weil er der Ansicht ist, daß er schon selbst ganz genau weiß, was er wann zu tun hat. Zudem verursacht ihm das Wort Disziplin doch einen etwas schalen Nachgeschmack.

Man kann die Karten nicht einfach anders deuten, nur weil sie für ein anderes Tierkreiszeichen geltend gemacht werden. Das liegt nicht im Sinn des Tarot. Die Bedeutung bleibt gleich. Allein die Reaktion auf sie ist bei jedem anders

Verwunderlich, daß in den verschiedenen Wochen manchmal andere Farben auftauchen, als in den Zuordnungen angegeben sind?

Mars ist hierfür das beste Beispiel. Dem impulsiven, tatkräftigen Mars wird die aktive Farbe Rot zugeordnet. Mars kann aber auch Aggressionen auslösen, wenn er nicht gut steht. Ist dies der Fall, zeigen sich auch die Karten von ihrer negativen Seite. Dann wären Sie allerdings schlecht beraten, würde ich Ihnen »Rot« empfehlen. Wer bereits etwas angriffslustig ist, sollte dies nicht auch noch schüren. Das ist ganz klar. Also empfiehlt sich an solchen Tagen die Farbe Grün. Grün harmonisiert und gleicht aus.

Das gleiche gilt für Steine, Pflanzen und Aromen. Zugeordnet werden sie nur ganz bestimmten Karten. Aber wenn sich gerade diese Karten von ihrer schlechten Seite zeigen, tun Sie gut daran, diese dann nicht auch noch zu unterstützen! Verwunderlich wäre also, wenn Sie auch dann noch auf Empfehlung zur Farbe Rot greifen sollen, wenn Sie laut Karten bereits ein rotes Tuch vor dem geistigen Auge sehen!

KREBS,
DES MONDES LIEBLINGSKINDER
AUF DEN WECHSELVOLLEN WOGEN
ZWISCHEN EBBE UND FLUT

Krebse lieben Pläne, Aufstellungen und Berechnungen. Doch geht es hierbei nicht etwa um Statistiken von allgemeinem Interesse, sondern vielmehr darum, Pläne für das eigene Leben zu erstellen. Ganz gleich, ob eine Prüfung ansteht oder ein Hochzeitstermin gefunden werden muß, ein Plan muß her, und diesen will der Krebs anfertigen. Minutiös genau wird dann alles festgelegt, mit dem einzigen Resultat, daß dieser angefertigte Plan den Krebs sehr viel Zeit kostet und im Endeffekt auch Nerven – denn eingehalten werden diese detaillierten Schriftstücke nie.

Dies liegt nicht daran, daß diese herzensguten Schalentiere der Mathematik nicht fähig wären, nein, sie stehen generell mit geordneten Strukturen auf dem Kriegsfuß. Darum bemühen sie sich ja auch so tatkräftig und dabei so sinnlos um das Ordnen jeglicher Kleinigkeiten, was nur zu größerem Chaos führt.

Diese Art, mit wenigen Handgriffen ein beinahe kunstvolles Durcheinander zustande zu bringen, zieht sich derart weit in das Leben eines Krebses, daß sogar heißgeliebte, sündhaft teure Anzüge oder Abendkleider davon betroffen werden – irgendwie weiß ein Krebs nie so genau, wie denn nun schon wieder ein Schokoladenfleck am Revers gelandet ist oder woher die Keksrümel auf der Galarobe kommen. Passieren wird's dennoch, und das ein Leben lang. Ein kleiner Krümel ist im Leben des Krebses immer irgendwo zu finden. Möglicherweise kommt ihr Wankelmut auch daher. Vielleicht liegt es wirklich daran, daß immer irgendwo im Leben dieser sensiblen Wassertiere ein Chaos ausbrechen kann, so daß sie lieber drei Schritte zur Seite und fünf zurückgehen, bevor sie einen entscheidenden Schritt nach vorn wagen – wissen kann man nie. Ob Hummer, Languste oder Einsiedlerkrebs – sie alle können Launen aufs Tapet bringen, von denen ein Widder oder Löwe nur noch träumen kann. Doch sollte hier niemand mit einem Krebs zu hart ins Gericht gehen, denn jegliche Berg- und Talfahrten der Gefühle resultieren bei ihnen aus einer unglaublichen Sensibilität. Und wird ein Krebs verletzt, so ist er – schneller als manch andere Zeitgenossen überhaupt bis drei zählen können – in seinem Haus verschwunden und zeigt sich von heftigst verletzt bis ziemlich bockig und stur. Die Bandbreite ist hierbei sehr groß, denn flexibel können Krebse allemal sein. Ihre Scheren können blitzartig zupacken, und dann zeigt sich, daß der Krebs nicht nur passiv, sondern auch äußerst aktiv sein kann, sei es auch nur mit giftigen Worten.

Doch so schnell der Mond seine Phasen wechselt, so schnell kann sich auch das Verhalten des Krebses wandeln. Auf Regen folgt manchmal ziemlich schnell wieder brütende Hitze. Die Krustentiere zeigen sich eben sehr abwechslungsreich, und während sie noch fröhlich über das Wetter plaudern, kann bereits Sekunden später ein Gewitter niederprasseln. Diese Schwankungen durchziehen das ganze Leben der lunahaften Wassertiere – kann sein, daß ein Krebs heute noch mit Seelenruhe der totalen Faulheit frönt und morgen bereits in einen Karrierewahn verfällt – allein, was länger anhält, das ist hier die Frage. Denn immer ist es der Mond, der seine Wasserkinder regiert.

Doch gerade sein Haus ist es, was das Herz eines Krebses höher schlagen läßt. Mag sein, daß die Wohnung Ihres Krebs-Freundes ein mittleres Chaos beherbergt, aber gemütlich ist sie allemal. »My home is my castle« – dieser Spruch dürfte von einem Krebs erfunden worden sein. Und so schmackhaft Scampi und Shrimps sich präsentieren, so lecker wird gerade im Krebshaushalt diniert. Sparen Sie sich bei eventuellen Einladungen die Frage nach dem Partyservice, und sprechen Sie Ihr Lob lieber gleich dem Krebs aus, denn zweifelsohne ist er der verantwortliche Küchenchef. Krebse lieben es nun einmal, zu kochen und vor allem zu be-kochen.

Auch dies ist kein Wunder – der Krebs gilt als das mütterliche, umsorgende und pflegende Zeichen im Tierkreis, und hat ein Krebs Sie wirklich lieb, dann sollten Sie vorsichtig sein, wann Sie »aua« sagen, denn dann schlägt der gewaltige, in jedem Krebs schlummernde Mutterinstinkt durch; sofort steht der Krebs mit Bandagen, Tabletten, dampfender Suppe und Fieberthermometer auf der Matte.

Das Extrem der rauschenden Gefühle zwischen sehnsuchtstrunkenen Vollmondnächten und tiefschwarzen Neumonden ist das Gefilde, in dem sich Krebse bewegen. In ihrem tiefsten Inneren bewachen sie die Urwasser der menschlichen Seele, nur hinter einem feinen Schleier verborgen, wie die Hohepriesterin im Tarot. Nur zu oft ziehen Herz und Verstand dieser sensiblen Wassertiere wie die zwei Sphinxe des Wagens in völlig verschiedene Richtungen. Doch ihre Bandbreite zwischen Triumph- und Streitwagen ist groß, und ebenso wechselvoll zeigt sich das Leben eines Krebses in all seinen Facetten.

Berühmte Krebse

Ingeborg Bachmann, Pearl S. Buck, Alexander der Große, J. P. Sartre, Jean Jacques Rousseau, Antoine de Saint Exupéry, Hermann Hesse, Abraham a Santa Clara, Franz Marc, Gina Lollobrigida, Marc Chagall, Marcel Proust, Carl Orff, Ernest Hemingway, Georg C. Lichtenberg, Käthe Kollwitz, Pissarro, George Sand, Franz Kafka.

Ihr Taroskop für 1999

1. bis 10. Januar

Farbe

Gold steht Ihnen gleich zu Beginn des Jahres hervorragend. Doch Vorsicht: Übertreiben Sie es nicht mit dem edlen Metall, denn sonst laufen Sie Gefahr, überheblich und arrogant zu werden. Also tragen Sie lieber einen schmalen Goldreif, keine dicken »Klunker«, und Ihre Ausstrahlung wird königlich sein. Die goldene Schwingung kann Sie jetzt in ungeahnte Höhen tragen, doch nur wenn Sie die Warnung beachten. Denken Sie daran: Sie besitzen eine natürliche Autorität, die Sie nicht ständig unter Beweis stellen müssen.

Edler Stein

Der warme, strahlende **Goldtopas** vermittelt Ihnen jetzt das Gefühl von Dynamik und Ehrgeiz. Lassen Sie ihn in der Sonne funkeln, und fangen Sie mit Ihren Augen seine Strahlen ein. Auch er hat es nicht nötig, übermäßig zu glänzen. Natürlich und sanft ist seine Kraft, nicht protzend oder radikal. Um so größer auch seine Wirkung und Energie.

Pflanze

Betrachten Sie jetzt öfters einen **Lorbeerbaum**. Die Pflanze der Sieger und Mächtigen wirkt nicht aufdringlich. Ihre Ausstrahlung zeigt sich auf natürliche Weise kraftvoll. Die starken Blätter des Lorbeerbaums bedeuten Ihnen ganz genau, wie Sie sich in den nächsten Tagen geben sollen. Mit natürlicher Dynamik und nicht mit aufgesetzten Machtansprüchen.

Aroma

Genießen Sie in den nächsten Tagen den schweren Duft von **Amber**. Doch Vorsicht: Der Duft ist schwül und regt die Sinne an, doch lassen Sie sich nicht zu unüberlegten Äußerungen hinreißen. Amber ist ein durchaus königlicher Duft, der Sie dazu verleiten könnte, etwas zu herrschaftlich zu reagieren. Weniger ist mehr.

Ehrgeiz und Selbstbewußtsein werden zu Ihren Hauptgedanken in den kommenden Tagen. Kein Wunder, Ihr Auftreten ist dynamisch, und Ihre ganze Haltung versprüht Spannung und Aktivität. Doch Vorsicht: Betrachten Sie die Karte der Kraft genauer. Das junge Mädchen zähmt den Löwen der Emotionen nicht mit Gewalt, sondern mit Sanftmut hält sie ihn unter Kontrolle. Genau da könnte eine kleine Fußangel in den nächsten Tagen liegen. Genießen Sie zwar Ihre Vitalität, aber werden Sie dabei nicht zu dominant anderen gegenüber. Sonst könnten Sie so manch einem Ihrer lieben Mitmenschen über den Mund fahren und ihn gegen sich aufbringen. Da man derartige Dinge von einem Krebs ohnehin nicht so gewöhnt sein dürfte, ist das Erstaunen und damit auch der Ärger um so größer, wenn es dennoch dazu kommt.

Versuchen Sie also gerade jetzt nicht, anderen Ihre Wertmaßstäbe aufzuzwingen. Außerdem mögen Sie als Krebs Zwänge auch nicht und sollten dies nun auch nicht anderen Menschen antun.

Dies wäre doch nicht der Sinn und Zweck Ihrer Aktivitäten, oder? Lassen Sie sich also nicht auf Kraftproben mit Vorgesetzten oder anderen wichtigen Personen ein – Sie würden nur an Ihrem eigenen Ast sägen. Treten Sie statt dessen mit natürlicher Autorität auf, und die Dinge werden sich schon zu Ihren Gunsten wenden.

11. bis 17. Januar

Farbe

Meiden Sie gleich zu Beginn des Jahres unbedingt die Farbe Rot. Ihr Aggressionspotential ist augenblicklich außergewöhnlich groß, und gerade Rot könnte Sie nun zu Ausbrüchen verleiten, deren Folgen für Sie nicht angenehm sind. Greifen Sie jetzt statt dessen zu **Grün**. Tragen Sie immer ein grünes Tuch bei sich, und lassen Sie abends Ihre Wohnung in grünem Licht erstrahlen. Eine grüne Glühbirne wirkt wahre Wunder in diesen Tagen. Die grüne Schwingung gibt Ihnen das nötige Gleichgewicht zurück und verhilft Ihnen zu mehr Harmonie und Frieden in Ihrem Inneren.

Edler Stein

Der **Karneol** hilft gegen alle heftigen Gefühlsregungen und vertreibt vor allem Zorn. Außerdem schützt er seinen Träger vor Flüchtigkeitsfehlern, übereilten Reaktionen und auch vor Unfällen, die durch heftige Gefühlsanwandlungen verursacht wurden. Genau diesen Stein sollten Sie in den nächsten Tagen immer bei sich tragen und durch Ihre Finger gleiten lassen. Er wird Sie beruhigen und Ihnen Ihre innere Stabilität zurückgeben.

Pflanze

Einige Tassen Tee mit einem Zweig **Thymian** sollten Sie sich jetzt auf alle Fälle gönnen. Diese würzige Pflanze beruhigt Ihre Nerven und schafft einen inneren Ausgleich, den Sie gegenwärtig dringend benötigen. Kochen Sie in den nächsten Tagen viel mit Thymian, doch vermeiden Sie rote Saucen, die eine gegenteilige Wirkung hervorrufen könnten. Bitte keine mexikanischen Saucen, die zwar gerade durch Thymian so herrlich würzig und schmackhaft werden, doch scharf und zumeist rot sind.

Aroma

Das Wunderheilmittel **Ylang-Ylang** vertreibt Wut, Aggression, Hysterie und Reizbarkeit. Stimmungsschwankungen werden aufgelöst. Sie können so zu Ihrer inneren Harmonie zurückfinden. Von diesem Aroma nicht zu viel dosieren, dann kann Ihnen dieser intensive Duft die kommenden, stressigen Tage versüßen oder vielleicht sogar völlig streßfrei machen.

Ihr Seelenfrieden ist in Gefahr. Sie fühlen sich innerlich derart angespannt und unruhig, daß es kein Wunder ist, wenn die Karte des Turmes mit Intensität in Ihr Leben tritt. Streit und Auseinandersetzungen symbolisiert diese Karte unter anderem - Wertvorstellungen können durch eine blitzartige Erkenntnis verändert und ins Gegenteil verkehrt werden.

Der HERRSCHER

Ihre Umgebung reagiert im Moment gereizt auf Sie. Dies könnte daran liegen, daß Sie zur Zeit nicht den souveränen Be-Herrscher Ihrer Gefühle und Taten repräsentieren. Sie neigen durchaus zu unüberlegtem, voreiligem Handeln. Gerade jetzt kann es aber auch geschehen, daß Sie ungerecht urteilen. Aufgrund Ihrer inneren Unzufriedenheit ziehen Sie Ihre Umgebung in empfindliche Mitleidenschaft. Krebse sind sehr sensible Menschen mit guten Manieren. Doch die Kinder des Mondes neigen auch ein wenig zu Stimmungsschwankungen. Passen Sie also diese Woche sehr sorgfältig auf Ihre empfindsame Krebs-Seele auf. Achten Sie darauf, was Sie sagen und tun. Jede unbedachte Äußerung könnte

Der TURM

im Moment ungeahnte Folgen haben. Dabei gehen diese Anspannungen derart subtil vor sich, daß es Ihnen schwerfallen wird zu unterscheiden, welche Aggressionen Sie selbst durch Ihr Verhalten ausgelöst haben und welche Störfaktoren von außen auf Sie einhagelten. Versuchen Sie in dieser Woche, selbst wenn es schwerfällt, sich immer wieder den Herrscher in seiner Lichtseite vorzustellen - gerecht ist sein Urteil, und er handelt angemessen, nicht mit übertriebener Strenge oder Härte. Auch wenn es ihm schwerfällt, kann er eigene Fehler zugeben.
Dies heißt natürlich auch, daß Sie sich ungerechtfertigte Angriffe auf Ihre Person nicht gefallen lassen müssen. Überdenken Sie vorher ganz genau, ob die Kritik wirklich ungerechtfertigt war. Sonst könnte der Turm in diesen Tagen immer wieder empfindlich in Ihr Leben treten und Sie mehr als einmal in Ihren Grundfesten erschüttern. Sehen Sie den Turm aber auch als Chance, manche Wertvorstellungen und geistigen Einstellungen zu ändern, sofern sie nicht mehr angemessen oder richtig erscheinen.
Wegen Ihrer inneren Anspannung sollten Sie sich im Moment sehr vorsichtig im Straßenverkehr sowie bei sportlichen Betätigungen verhalten. Ihr unausgeglichener Seelenzustand läßt Sie fahrig und damit auch unfallgefährdet werden.

18. bis 24. Januar

Farbe

Blau ist die richtige Farbe für die kommenden Tage. Die blaue Schwingung kühlt, beruhigt und gibt Harmonie. Außerdem stärkt diese Farbe das Selbstvertrauen und gibt Ihnen die nötige Sicherheit, die nächsten Tage ohne Verletzungen zu überstehen. Die entspannende Wirkung des Blaus läßt Sie Flüchtigkeitsfehler vermeiden. Entzünden Sie also daheim eine blaue Kerze am Abend. Tragen Sie gerade jetzt immer etwas Blaues bei sich, das Sie ab und an befühlen können, damit Ihre Gedanken wieder zu Reinheit und Erkenntnis kommen.

Edler Stein

Der sanft leuchtende **Lapislazuli** gilt als Stein der Harmonie. Gerade diese brauchen Sie in den nächsten Tagen. Die Ägypter nannten ihn den »Stein des Himmels«. Er sollte Weisheit, Freude und Heiterkeit bringen. All seine Eigenschaften können Sie in den nächsten Tagen sehr gut brauchen. Lassen Sie also einen Lapislazuli ständig an Ihrer Seite sein, und die möglichen Auseinandersetzungen oder Stimmungsschwankungen halten sich in Grenzen.

Pflanze

Kamillentee dürfte Ihre angespannten Nerven etwas beruhigen. Vielleicht nehmen Sie in dieser Woche auch noch ein Kamillenbad, damit Sie ganz sichergehen können, daß Ihre Nerven stabilisiert werden.

Aroma

Wut, Ängstlichkeit und vor allem Reizbarkeit vertreibt die »Blume der Blumen« **Ylang-Ylang** im Nu. Zurück bleibt ein wunderbares Gefühl von Harmonie und Ausgeglichenheit. Dosieren Sie nicht zu hoch, sonst könnte dieser reizende Duft genau in sein Gegenteil umschlagen und Sie noch nervöser machen. In der richtigen Menge (nicht mehr als 5 Tropfen in das gefüllte Duftlämpchen) wirkt dieses Aroma allerdings wahre Wunder.

Ein wenig Vorsicht in Wort und Tat kann auch in den nächsten Tagen nicht schaden, denn die Karten – mit Ausnahme des Eremiten – zeigen sich äußerst wankelmütig. Grund zu ernsthafter Besorgnis ist wahrscheinlich nicht gegeben, doch kleinere Störquellen und Ärgernisse können nun durchaus an der Tagesordnung sein.

Ein plötzliches Ereignis könnte eintreten, und Ihre Reaktion darauf ist Unentschlossenheit oder Überheblichkeit. Zum einen könnte es Ihnen passieren, daß Sie sich plötzlich wie die Figur der 8 der Schwerter fühlen. Gefesselt und mit verbundenen Augen. Sie haben dann den Eindruck, nichts mehr tun zu können, und werden mutlos. Das Gefühl, eine Entscheidung fällen zu müssen, dies aber nicht zu können, könnte Sie beschleichen. Doch sehen Sie genau hin. Sie sind zwar etwas in Ihrer Handlungsfähigkeit eingeschränkt. Aber Sie können noch sprechen. Einfach loszulaufen empfiehlt sich nicht. Auch nicht die berühmten Krebs-Schritte nach hinten oder zur Seite. Wie die Figur der Karte können Sie schon noch etwas sagen. Nur kommt es darauf an, was Sie sagen. Denn innerlich haben Sie bereits eine Entscheidung gefällt. Es sind fünf Schwerter auf der einen Seite, aber nur noch drei auf der anderen. Eine Seite überwiegt bereits. Es muß also klar ausgesprochen werden, was Ihnen auf der Seele lastet. Doch wie gesagt: Passen Sie genau darauf auf, was Sie sagen. Es ist durchaus möglich, daß Sie sich zu vorschnellen Bemerkungen hinreißen lassen, die Ihnen einiges Mißtrauen einbringen könnten. Diese Äußerungen müssen Sie dann wieder ausbügeln.

Der EREMIT

KÖNIG der MÜNZEN

Halten Sie sich in diesen Tagen verstärkt an den Eremiten. Betrachten Sie diesen Einsiedler – er zieht sich zurück, um eine Sache genauer beleuchten und durchdenken zu können. Er sieht nicht aus, als würde er spontan reagieren. Das wäre die richtige Verhaltensweise für Sie, welche Sie jetzt an den Tag legen sollten.

Machen Sie es nicht so wie der König der Münzen. Er ist zwar unglaublich reich, doch er sieht nicht so aus, als würde er etwas davon abgeben. Er schwelgt in seinem Reichtum und ein bißchen auch in Selbstherrlichkeit. Seine ganze Haltung verrät dies. Teilen Sie mit Ihren Lieben – Sorgen, aber auch Glück.

25. bis 31. Januar

Farbe: Greifen Sie zu **Silber oder Silberblau**. Diese Farbschwingung wird Sie geradezu magisch anziehen. Die Karten wollen Sie vor allen Dingen in die Tiefen Ihres Unterbewußtseins entführen. Tragen Sie zur Zeit bevorzugt Silber. Sollte Ihnen etwas nicht in Ihrem Leben passen, dies werden Sie sehr genau und urplötzlich herausfinden, dann kann die Silberschwingung Sie zu neuen Ufern bringen.
Entzünden Sie daheim eine silberne Kerze. Tragen Sie einen Silberring – und Veränderungen in Ihrem Leben steht nichts mehr im Wege.

Edler Stein: Das Juwel der Meere verlangt nach Ihnen: die **Perle**. Ihr seidiger Schimmer verleiht Sanftmut und Weisheit und macht Ihr Herz froh. Perlen reinigen auch von allen Störquellen. Ihre Gefühlswelt wird klarer sein als vorher, sofern Sie sich mit einer Perle schmücken. Doch beachten Sie: Eine Perle will allein getragen werden – Perlen können Konkurrenz nicht ausstehen!

Pflanze: **Rosmarin** aktiviert und beruhigt. Beides brauchen Sie gegenwärtig. Doch seien Sie sparsam mit dieser stark duftenden Pflanze. Verwenden Sie nicht zuviel des Guten, sonst kann genau das eintreten, was Sie nicht brauchen können: daß Ihre Energien über das Ziel hinausschießen und Sie Ihre Stabilität verlieren.

Aroma: Das Parfümieren von Gewändern und Räumlichkeiten mit **Weihrauch** gehört zu den Kulturtraditionen der Menschheit. Gerade Weihrauch wird immer gern wegen seiner reinigenden Wirkung benutzt. Da Sie in den kommenden Tagen das starke Gefühl verspüren werden, manche Dinge in Ihrem Leben verändern zu wollen, wird Ihnen der Duft bei manchen Entscheidungen sehr helfen.

Der Wagen läuft scheinbar ruhig dahin. Herz und Verstand befinden sich in totalem Einklang – die Sphinxe ziehen nicht in verschiedene Richtungen. Sie blockieren damit auch nicht Ihr Weiterkommen. Doch Vorsicht – Sie sind gerade jetzt sehr angreifbar, so daß Sie alles dafür tun müssen, um keinem totalen Stimmungswandel unterworfen zu werden. Sorgen Sie für ausreichend erholsamen Schlaf. Muten Sie sich nicht zu viel zu. Funktionieren Sie den Wagen nicht in einen Streitwagen um, der neues Territorium im Sturm erobert. Seien Sie in den nächsten Tagen ganz der gemütliche, harmonische Krebs, der nicht aufgeregt mit seinen Scheren wackelt, sondern fröhlich entspannt. Gehen Sie bei allem, was Sie tun, ruhig und gelassen vor. Denn Neuland kann sich ankündigen. Wenn Sie jetzt aber vorschnell handeln, untergraben Sie sich selbst. Krebse mögen die Übersichtlichkeit in allen Angelegenheiten. Dafür können Sie jetzt Ihre ruhige Beharrlichkeit einsetzen.

Der WAGEN

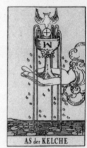

AS der KELCHE

Ihr Unterbewußtsein ist im Augenblick hoch aktiv und drängt an die Oberfläche. Betrachten Sie das As der Kelche, eine der schönsten Karten im gesamten Tarot. Mit dem Kelch wird aus den Wassern des Unterbewußtseins geschöpft. Ein As zeigt im Tarot immer an, daß sich uns eine neue Chance bietet. Ihre Chance ist, in Ihre Seele einzutauchen. Sie werden erkennen, was Ihnen an Ihrem Leben gefällt und in welchem Bereich Sie Veränderungen herbeiführen möchten.

Und genau hier ist Vorsicht geboten. Es ist gut, wenn Sie Hemmnisse aus Ihrem Leben verdrängen möchten – der Zeitpunkt ist genau der richtige, nur auf das »Wie« kommt es an.

Versuchen Sie nicht, mit Brachialgewalt Veränderungen herbeizuführen, sondern lassen Sie die Sphinxe in ruhigem Tempo dahinmarschieren, so erreichen Sie jedes Ziel.

1. bis 7. Februar

Farbe

Grün, die Farbe der Hoffnung und Harmonie, ist jetzt Ihre Farbe. Werfen Sie sich ein grünes Tuch über die Schultern, ziehen Sie einen grünen Pullover an. Sie können mit Grün überhaupt nicht übertreiben. Grün ist die einzige Farbe, die nicht ins Gegenteil umschlägt. Warum dann nicht in der Farbe Grün schwelgen?

Edler Stein

Der tiefgrüne **Smaragd** gehört seit alters her zu den magischsten Steinen überhaupt. Er war der Göttin Venus geweiht, wer keusch lebte, dem wurde sogar die Gabe der Prophetie zuteil. Deshalb ist der Smaragd auch ein Symbol der fruchtbaren Natur – wie die Tarotkarte »Die Herrscherin«. Da Sie gerade jetzt in diesem Glücksgefühl der Liebe und Fülle schwelgen, wird Sie ein Smaragd darin bestens unterstützen. Tragen Sie ihn bei sich, befühlen Sie seine kühle Ausstrahlung. Lassen Sie seine Magie auf sich wirken.

Sollten Sie nicht im Besitz eines Smaragds sein, so können Sie auch zu einem **Karneol** greifen, der bereits nach alter Überlieferung als mächtiger Talisman galt. Auch ein Karneol kann Sie in diesen Tagen wunderbar stimulieren.

Pflanze

Süß duftend und ebenso nett anzusehende **Veilchen** würden im Moment gut zu Ihnen passen. Diese zierliche Pflanze ist in »Verruf« geraten – sie würde nur zu alten Menschen stehen. Was für ein Unsinn. Betrachten Sie doch diese liebliche Blume einmal näher. Sie ist bezaubernd. Ihr Aussehen und ihr reizender Duft werden Sie beglücken.

Aroma

Das Sahnehäubchen dieser Woche könnte herrlich süßer, intensiver **Vanilleduft** sein. Möglicherweise mögen Sie als Krebs keinen schweren Duft, aber im Moment kann dieses Aroma Ihre Sinne erwecken. Das tut allen Krebsen gut.

Nun bietet sich Ihnen die Chance auf großen Reichtum. Das As der Münzen zeigt allerdings nicht immer gleich einen Riesenlottogewinn an. Setzen Sie inneren Reichtum mit einem Riesengewinn gleich, dann sind jetzt die Chancen dafür sehr groß.

AS der MÜNZEN

Betrachten Sie den prächtigen, üppigen Garten auf dieser Karte. Und wie magisch wird Ihnen eine Hand mit einer Münze gereicht. Es ist Ihr innerer Garten, in dem diese Szene stattfindet. Sie müssen nur zugreifen. Gehen Sie durch das Rosentor. Lassen Sie Ihren Emotionen freien Lauf. Sie werden in sich selbst einen seelischen Zustand der totalen Entspannung finden. Aktivitäten braucht es nicht – genießen Sie das Leben. Machen Sie Spaziergänge, schwelgen Sie – ganz gleich, ob in Ihren Hobbys oder in Ihrer Hochstimmung – und lassen Sie das Positive auf sich wirken. Dies verspricht eine Krebs-Woche zu werden, falls Sie es zulassen. Träumen Sie sich ein wenig in Ihre Welt hinein, forschen Sie in den Gewässern Ihrer Seele, und Sie werden viel Freude haben.

GERECHTIGKEIT

Falls sich irgendwelche Spannungen in Ihrem sozialen Umfeld, also mit Freunden, Kollegen oder Ihrem Partner, ergeben haben, so ist jetzt die richtige Zeit, diese zu lösen. Sie werden in Ihrer Handlungsfähigkeit nicht eingeschränkt, sondern können ausgleichend auf andere Menschen einwirken. Sollten die Spannungen trotz aller liebevollen Bemühungen von Ihrer Seite nicht lösbar sein, so ist dies allerdings ein Hinweis auf ein größeres Problem.

Denken Sie dann an die Gerechtigkeit. Alles, was Sie tun, kommt in gleichem Maße zu Ihnen zurück. Verschenken Sie etwas von Ihrem derzeitigen Glück, dann wird viel zu Ihnen zurückkommen. Möglicherweise wird Ihnen sogar ein kleines Geschenk als Zeichen der Zuneigung überbracht. Nehmen Sie es an, und freuen Sie sich darüber.

8. bis 14. Februar

Farbe

Wählen Sie für diese Woche **Silber oder Silberblau** als Farbe. Große Aktivitäten sind nicht gefragt. Warum sollten Sie sich dann nicht gleich von dieser Farbe ins Reich Ihrer Träume und Phantasie entführen lassen? Genießen Sie diese kostbaren Stunden, die für einen Krebs wie handgemacht sind!

Edler Stein

Der bläulich-weiße **Mondstein** paßt im Moment. Lassen Sie seinen sanften Zauber auf sich wirken. Dieser Stein wird Ihnen Ruhe und Geborgenheit bringen und Sie von jeglichem Streß befreien. Lassen Sie ihn durch Ihre Finger gleiten. Verspüren Sie die uralte magische Kraft, die von diesem feenhaften Stein ausgeht. In der heutigen Zeit wird er gegen Streß und Angst eingesetzt.

Pflanze

Frischer oder getrockneter **Rosmarin** vermag Ihnen in einem Vollbad zu helfen. Sie werden damit von jeglicher Anspannung befreit. Auch Rosmarinöl als Badezusatz tut seine Wirkung. Seine heilenden Dämpfe wirken sich entkrampfend aus, bringen aber dennoch Ihre Energien wieder in Schwung.

Aroma

Weihrauch stimuliert Sie jetzt hervorragend, gleichzeitig werden Ihre Gedanken von unnötigen Schnörkeln befreit. Krebse mögen so etwas ohnehin nicht. Also helfen Sie Ihren Gedanken mit Weihrauch auf die Sprünge. Sie haben jetzt Ihre Ziele wieder ganz klar vor Augen und können entspannen.

Auch die nächsten Tage können für Krebse besondere Vergnügen bereithalten. Gehen Sie diese Woche ruhig und gelassen an. Keine Hektik aufkommen lassen. Das As der Kelche bietet Ihnen die Chance, tief in Ihre Seele hinabzutauchen. Sie können Reserven aktivieren, indem Sie sich auf sich selbst berufen, Ihr Inneres zu sich sprechen lassen. Aktivität ist unangebracht. Passivität wird in dieser Woche nicht mit Faulheit gleichgesetzt. Tun Sie etwas für Ihren Körper und vor allem für Ihre Seele. Dieser Ruhezustand bedeutet keine Stagnation. Der ständige Spannungszustand zwischen Ihrem Gefühl und Bewußtsein ist im Augenblick fast nicht vorhanden. Dies sind ausgezeichnete Mußestunden, in denen das As der Kelche seinen Zauber verbreitet. Entspannen Sie mit einem Schaumbad, machen Sie einen Mondspaziergang, gestatten Sie sich sogar einige Tagträume – diese Woche ist geradezu ideal dafür. Das Verborgene unseres Daseins will von Ihnen entdeckt werden. Neben der Seelenmassage rät Ihnen die 3 der Kelche dazu, nicht nur einsam und alleine etwas für Ihr Seelenheil zu tun. Umgeben Sie sich mit lieben Freunden oder Menschen, die Sie einfach mögen. Feiern Sie, seien Sie ausgelassen – das tut richtig gut!

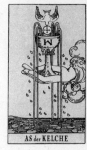

AS der KELCHE

15. bis 22. Februar

Farbe

Gelb ist jetzt an der Reihe. Diese fröhliche Farbe verleiht nicht nur kreatives Denken oder hilft Ihrer Phantasie auf die Sprünge. Gelb klärt auch Ihren Verstand und verleiht strukturiertes Denken. Da nunmehr wichtige Neuigkeiten verarbeitet werden wollen, sollten Sie unbedingt zu Gelb greifen. Benutzen Sie also in diesen Tagen ein gelbes Tuch als ständigen Begleiter. Betrachten oder befühlen Sie es immer wieder einmal. Sie können aber auch gelbe Rosen in Ihre Wohnung stellen und so die gelbe Farbschwingung auf sich wirken lassen.

Zu viel Gelb ist ungesund – achten Sie also darauf, sich nicht ausschließlich mit dieser Farbe zu umgeben. Wohldosiert fördert Gelb Ihre schöpferischen Ideen und läßt Sie brillant, witzig und genial erscheinen. Zu viel bewirkt, daß Ihre Zunge geschliffen scharf wird und Sie jemandem, der Ihnen bislang noch wohlgesonnen war, empfindlich über den Mund fahren und ihn so gegen sich aufbringen. Also öfters die gelbe Schwingung genießen, und Sie können sich in dieser Woche wirklich hervortun.

Edler Stein

Das **Tigerauge** gibt die Orientierung für den richtigen Weg. Der goldbraun schimmernde Stein macht Sie anpassungsfähig und damit zum Gewinner der Woche. Mit Hilfe eines Tigerauges fällt es Ihnen bestimmt leicht, verschiedene Meinungen anzuhören und dann die richtigen Schlüsse daraus zu ziehen.

Pflanze

Damit Sie in der kommenden Woche den Überblick behalten und genau das Richtige tun, ist es wichtig, auch zu entspannen. Brühen Sie sich eine Tasse **Majorantee** auf und genießen Sie. Damit werden Sie neue Kräfte schöpfen für die nächste Runde.

Aroma

Bereiten Sie sich mit **Limonenduft** kleine Duftkugeln, indem Sie ein paar Wattebäuschchen mit dem Öl beträufeln. Legen Sie diese in Ihrer Wohnung an exponierte Stellen. Der frische Duft der Duftkugeln wird Ihre Gedanken reinigen und Sie fit machen für neue Taten.

Nun stellt sich eine sehr mächtige Karte auf Ihre Seite. Sie läßt Sie handeln, so wie Sie es wünschen. Sie können fast mühelos formulieren und aussprechen, was Sie möchten. Und vor allem wird Ihnen Ihr Gegenüber auch zuhören. Haben Sie also schon seit längerem etwas auf dem Herzen, was Sie gern einmal ausgesprochen hätten, dann ist zur Zeit eine besonders gute Woche dafür.
Das Schönste daran ist, daß Sie nicht einmal hart arbeiten müssen, um zum Ziel zu kommen. Bauen Sie Reserven auf.
In dieser Woche werden sich gewisse Dinge wie von selbst lösen und Ihnen ein wunderbares Gefühl von Bewußtheit vermitteln. Dies liegt an der 9 der Münzen. Studieren Sie diese Karte einmal näher. Ihnen wird sicherlich aufgefallen sein, daß die Person auf der Karte nicht nur einen Falken auf ihrer Hand sitzen hat. Da gibt es auch noch eine kleine Schnecke zu ihren Füßen. Die Karte zeigt Ihnen damit symbolhaft, daß Sie jetzt taktieren können. Sie wissen jetzt ganz genau, ob Sie den schnellen Falken einsetzen wollen oder doch lieber im Schneckentempo ans Ziel gelangen wollen. Ob in Gesprächen oder Taten – taktieren Sie. Dem gefühlvollen Innenleben der Krebse steht jetzt ihr berechnendes Denken gegenüber. Sie können in dieser Woche immer wieder neu entscheiden, welche Krebs-Eigenschaften Sie einsetzen möchten. Mal können Sie Ihrem Gefühl den Vorzug geben, das andere Mal Ihrem strukturierten Denken. Einfach herrlich, oder?
Mit Taktik kommen Sie in dieser Woche noch weiter, als Sie vielleicht denken: Diese Vorgehensweise verleiht Ihnen auch noch so viel Charme, daß sich so manch ein Gegenüber, mit dem Sie vielleicht sogar eine Aussprache führen wollen, einfach um Ihren Finger wickeln läßt. Vielleicht liegt Ihnen aber auch jetzt so manches Herz zu Füßen – und Sie müssen nichts dafür tun, nur genießen.

23. bis 28. Februar

Farbe

Die Ausstrahlung von **Silber und Silberblau** wirkt sehr sanft und beruhigt daher auch ungemein. Ganz gleich, ob Sie einen Silberring oder ein silbernes Tuch tragen – die Wirkung wird sich auf alle Fälle einstellen.

Edler Stein

Ein freundlicher **Rosenquarz** könnte jetzt ein idealer Begleiter für Sie sein. Er reinigt und übt eine beruhigende Wirkung aus. Der Rosenquarz ist einer der wenigen Steine, die man sogar neben das Bett legen kann, ohne daß er einen störenden Einfluß auf uns hätte. Im Gegenteil – er stimmt das Herz froh und bringt wohltuenden Schlaf.

Pflanze

Holen Sie sich doch vom Gärtner ein paar **Iris**. Diese lieblichen Schnittblumen schmücken nicht nur Ihre Wohnung, sondern sind einfach hübsch anzuschauen und strahlen Ruhe und Glück aus. Sie duften sehr stark und halten auch sehr lange; das Wasser öfters austauschen.

Aroma

Der schwüle Duft des **Jasminöls** kann Ihnen die Lust auf mehr Ruhe versüßen. Ein bis zwei Tropfen reines Jasminöl in der Duftlampe reichen bereits aus, Sie ohne Angst und Depression zur Ruhe kommen zu lassen und trotzdem Ihre Kräfte zu stärken.

Die 2 der Kelche zeigt eine Verbindung. In dieser Woche geht es für Sie darum, eine Verbindung zwischen Ihrem Wollen und Ihrem Tun herzustellen. Das gleiche gilt für Ihr Bewußtsein und Ihr Unterbewußtsein. Allerdings können Sie auch ruhig ein wenig den Einsiedlerkrebs herauskehren, denn im Moment geht es darum, Ruhe zu finden.

Schließen Sie diese Verbindung bewußt mit Ihrem Unterbewußtsein. Lassen Sie Ihre geheimen Wünsche ruhig an die Oberfläche treten. Eine wunderbare Zeit für Krebsträumereien. Öffnen Sie sich Ihrer romantischen Krebsseite.

Betrachten Sie die 3 der Kelche: Ohne Anspannung, ohne Muß feiern diese drei Figuren. Es ist keine übertriebene Orgie, sondern ein entspanntes Beisammensein voller Freude. Sie können genußvolle Stunden seelischer Entspannung genießen, falls Sie es zulassen. Alles, was Sie dafür tun müssen, ist, sich nicht ablenken, nicht durcheinanderbringen zu lassen, sobald Ihre Umgebung zu sehr auf Sie einstürmt. Vor allem auch dann nicht, wenn man an Ihr Pflichtgefühl appelliert. Da Krebse eigentlich niemals »nein« sagen können,

vorrangig, wenn gute Freunde um etwas bitten, sollten Sie zur Zeit einen kleinen Bogen ums Telefon machen. Sie sollten nicht Gefahr laufen, sich doch noch aus lauter Höflichkeit zu etwas hinreißen zu lassen, was Sie letzten Endes eigentlich gar nicht wollen.

Dies ist auch eine günstige Gelegenheit, Unstimmigkeiten mit Ihren Lieben auszuräumen. Die 2 der Kelche stellt selbstverständlich auch die Verbindung in Liebe oder Freundschaft dar. Wagen Sie den ersten Schritt, und Sie haben genügend Grund, um zu feiern.

1. bis 7. März

Farbe

Gold wird Ihren Idealismus und Ihre neu erwachte Begeisterung für die schönen Dinge des Lebens beflügeln. Tragen Sie jetzt Goldschmuck. Spüren Sie seine intensive, einhüllende Strahlung auf Ihrer Haut, und Ihr schöpferisches, kreatives Potential drängt nach außen. Es gibt Ihnen die Kraft zu neuen Höhenflügen.

Gold ist die höchste Farbschwingung. Lassen Sie sich von ihr in neue Weiten tragen.

Edler Stein

Der **Goldtopas** paßt jetzt zu Ihnen. Seine goldene Färbung lächelt Sie an und läßt Sie an Schönheit und Ideale denken. Außerdem schützt ein Topas vor Ärger und Streß. Nicht, daß solche Widrigkeiten gegenwärtig auf Sie zukommen. Im Gegenteil, doch gerade diese glücklichen Momente sollte kein Wölkchen am Himmel trüben.

Pflanze

Cäsar trug bei seinen Triumphzügen stets einen Lorbeerkranz im Haar. **Lorbeer** reinigt die Gedanken und verleiht Macht und Stärke. Sie sollen jetzt nicht wie Cäsar mit einem Lorbeerkranz auf dem Haupt durch die Straßen wandeln. Speisen mit Lorbeer gewürzt können aber Ihre Lebensgeister noch mehr wachrütteln.

Oder Sie halten Ausschau nach einem kleinen (oder größeren) Lorbeerbäumchen, an dem sich Ihr Herz auch in schlechteren Zeiten noch erfreuen kann. Es wird Sie immer an die guten Dinge des Lebens erinnern.

Aroma

Mit **Moschus** steht einem erotischen Abenteuer in den nächsten Tagen nichts mehr im Wege. Ihre Sinne sind hellwach und begeisterungsfähig. Genau das strahlen Sie zur Zeit auch auf andere aus. Ihr Charme ist umwerfend. Diese schwüle, schwere Duftnote ist genau das Richtige für die nächste Zeit.

Jetzt zeigen sich die Karten von ihrer besten Seite und lachen Sie an. Sie müssen Ihre Emotionen nicht unter Kontrolle halten. Im Gegenteil – schwelgen Sie in Ihrer Lebensfreude und Ihrem Selbstvertrauen. In jedem Krebs schlummern die vielfältigsten Gefühle. Der Alltag fordert, diese ein wenig zu unterdrücken. Im Moment aber können Sie vielen Krebsgefühlen freien Lauf lassen und einfach nur Sie selbst sein.

Betrachten Sie die Königin der Stäbe. Sie trägt ein leuchtendgelbes Kleid. Sie zeigt sich nicht wie die anderen Königinnen von der Seite. Alles an ihr strahlt Optimismus aus. In ihrer rechten Hand hält sie einen Stab. Stäbe gelten als Symbol des Neubeginns, die rechte als die bewußte Hand. Sie geht mit schöpferischer Tatkraft an neue Dinge heran. Dabei wird sie von der kleinen schwarzen Katze vor üblen Überraschungen dieses Lebens beschützt. Nehmen Sie sich diese Karte zu Herzen. Geben Sie Ihrem gesteigerten Bedürfnis nach Selbstverwirklichung nach, ohne gleich an etwaige schlimme Folgen zu denken. Erlauben Sie sich Genüsse in

dieser Woche. Im Augenblick umgibt Sie eine wahrhaft königliche Ausstrahlung, geprägt von Toleranz und natürlicher Autorität. Sie wirken sehr ausgleichend auf Ihre Umgebung und können außerdem Ihre Mitmenschen zu wahren Begeisterungsstürmen hinreißen. Gegenwärtig fällt Ihnen Sanftmut vollkommen leicht. Die Folge: Sie zeigen keine überschießenden Reaktionen, sondern reagieren würdevoll und angemessen auf alles, was Sie umgibt. Die 6 der Stäbe zeigt einen Sieger. Genau dieser Sieger könnten Sie in den kommenden Tagen selber sein. Im Moment strahlen Sie derartig, daß Sie eine Aura der Anmut umgibt, für die Sie Ihre Mitmenschen lieben werden.

8. bis 14. März

Farbe

In hektischen Zeiten wirkt **Grün** wie eine wahre Wohltat. Sollten sich also in den nächsten Tagen tatsächlich Spannungen ankündigen oder auch sehr plötzlich über Sie hereinbrechen, dann greifen Sie zu Grün. Ob Sie nun einen grünen Schal oder etwas anderes Grünes mit sich tragen, ist völlig gleich. Trinken Sie Ihren Morgenkaffee aus einer grünen Tasse, das wirkt Wunder. Allerdings muß es ein reines, schönes Grün sein und darf nicht »schmutzig« wirken. Selbst eine so kleine grüne Kaffeetasse vermag eine durchschlagende Wirkung zu haben. Übrigens: diese Tassen in klaren Farben sind heutzutage überall erhältlich und auch nicht teuer. Vielleicht legen Sie sich ein Depot in den wichtigsten Farben an? Schon beim Frühstück haben Sie dann mit der passenden Farbe Kontakt.

Edler Stein

Der zauberhafte **Rubin** sollte jetzt einer Ihrer hilfreichen Begleiter sein. Rubine sind wahre Wohltäter – sie helfen bei Kummer, auch Liebeskummer, und so ganz nebenbei befreien sie auch noch von Aggressionen. Diese lassen sie bei ihrem Träger gar nicht erst zu. Ein herrlicher Stein! Ein Handschmeichler ist nicht teuer und trägt sich auch besser in der Tasche.

Pflanze

Die **Kamille** gilt als ein bewährtes Allheilmittel. Sie hilft gegen Streß und andere Entzündungen. Eine Tasse beruhigenden Kamillentee immer wieder einmal zwischendurch getrunken, und die hektische Welt sieht gleich ganz anders aus.

Aroma

Ylang-Ylang kann Sie jetzt bestens unterstützen, Ihre Mitte wiederzufinden. Dieser intensive Duft hilft gegen sämtliche Stimmungsschwankungen. Nehmen Sie am besten ein paar Wattebällchen, beträufeln diese mit dem Öl und verteilen sie dann in Ihrer Wohnung.

In dieser Woche zeigt sich die Herrscherin ausgesprochen launenhaft und emotional schwankend. Die sonst so herzensgute Herrscherin ist Ihnen leider nicht besonders wohlgesonnen und möchte Sie nur zu gern aus dem Gleichgewicht bringen. Vorsicht, denn gerade Sie als Krebs könnten jetzt sofort auf die Verführungen der Karten reagieren. Krebse besitzen nun einmal ein sehr gefühlsbetontes Wesen. Die Karten versuchen nun mit aller Macht, das seelische Gleichgewicht zu stören. Also bringen Sie gegenwärtig Ihre Gefühlswelt am besten ein wenig in Sicherheit.

Die Herrscherin zeigt sich nun als Verführerin im wahrsten Sinne des Wortes. Sie selbst schwelgt in einem prächtigen Garten der Sinne. Sie wollen es Ihr gleichtun. Lästige Verpflichtungen und Alltagssorgen möchten Sie am liebsten völlig aus Ihrem Leben verbannen. Dabei sind Sie aber im Moment hochempfindlich und neigen durch Streß zu Überreaktionen.

Betrachten Sie die 2 der Schwerter. Es ist sehr schwer, mit verbundenen Augen zwei Schwerter auszubalancieren. Diese Karte kann Ihr derzeitiges Gefühl widerspiegeln. Auf der Karte zeigt sich kein Sonnenlicht. Im Mondlicht aber ist alles ohnehin nicht so klar, sondern diffus. All dies zusammen erzeugt bei Ihnen ein Gefühl von Wut und Angst. Dies alles ist natürlich nicht sonderlich angenehm. Sie könnten nun versuchen, Hals über Kopf den berüchtigten Krebs-Rückwärtsgang einzulegen oder mit Ihren Scheren empfindlich zu zwicken – alles geschähe nur aus eigener Angst.

Und dann könnte es nämlich zur 5 der Münzen kommen. Ein Problem tut sich auf, und Sie laufen an der Lösung vorbei. Die Figuren auf der Karte sehen sehr arm aus, und es ist kalt. Sie erkennen aber nicht, daß in der Kirche Licht brennt. Sie müßten nur hineingehen – laufen aber statt dessen am Eingang vorbei. Taucht in dieser Woche ein Problem auf, dann setzen Sie Ihren strukturierten Krebs-Verstand ein. Werfen Sie die Schwerter der Wut und der Angst von sich! Sie sollten versuchen, nicht um die Lösung herumzulaufen, sondern die Tür zu ihr zu finden. Sie fühlen sich selbst dann ausgeglichener und auch nicht gleich so zurückgesetzt. Ihre Lieben wollen Sie nicht verletzen – denken Sie daran.

15. bis 22. März

Farbe

Rot – die Farbe der Macht und der Energie – ist nun an der Reihe. Diese Farbe ist für einen Krebs unter anderen Umständen ein wenig aufdringlich. Doch jetzt können Sie unbesorgt zu der energetischen Farbe Rot greifen. Das Selbstbewußtsein ist gestärkt, die Vitalität gesteigert. Tragen Sie also rote Kleidung, oder entzünden Sie abends daheim eine rote Kerze. Lassen Sie sich von dieser Farbe inspirieren. Spüren Sie die natürliche Souveränität, die diese Farbe aussenden kann. Gerade bei Rot sollte man nicht zuviel des Guten tun. Zu viel Rot bewirkt Aggressionen im eigenen Ich, oder man zieht diese eben auf sich – und das wäre diese Woche völlig unnötig.

Edler Stein

Der **Hämatit oder Blutstein** galt schon in alten Zeiten als Glücksstein. Der Blutstein leistet aber gerade jetzt gute Dienste. Erfolge werden kommen und wollen gefeiert werden. Der Hämatit macht Sie erdbezogen und lockt den Krebs in Ihnen für kurze Zeit aus tiefen Wassern auf die Erde, um wichtige Dinge zu erledigen.

Pflanze

Gönnen Sie sich in dieser erfolgreichen Zeit eine wunderschöne **Rose**. Die Königin der Blumen kann Ihnen mit ihrem Duft betörende Stunden schenken.

Aroma

Bereits im Weihnachtsevangelium ist von kostbarer **Myrrhe** zu lesen. Ihr harziger Duft stabilisiert Ihre Nerven, entspannt Sie und gibt Ihnen das Gefühl, wie von selbst auf Ihre natürlichen Kraftreserven zurückgreifen zu können.

Die Karten zeigen sich von ihrer besten Seite. Das As der Stäbe bietet Ihnen die wunderbare Chance für einen fruchtbaren Neubeginn. Dieser kann sich auf das Berufs- wie Privatleben beziehen. Je nachdem, in welchem Bereich Sie schon lange etwas auf die Beine stellen wollten.

Sie werden nicht eingeengt in den nächsten Tagen. Ihre Energien reichen aus, um wichtige Neuerungen auf den Weg zu bringen. Da die Stäbe im Tarot immer etwas Fruchtbares und außerdem noch einen Beginn anzeigen, können Sie nun für erfolgreiche Zeiten vorarbeiten. Sie müssen dazu noch nicht einmal in den Verlauf der Dinge eingreifen. Eine kleine Korrektur hier, ein paar neue Gedanken und deren Durchführung da, und schon könnten sich die wunderbarsten Dinge abzeichnen. Es ist also gar nicht notwendig, in Arbeitswut zu verfallen, die manchmal einen Krebs überkommt. Gehen Sie ruhig gemütlich vor, dafür aber konsequent. Das könnte eine kleine Fußangel für Sie als Krebs sein. Aber die nächsten Tage könnten so viel Gutes bringen, daß es sich lohnt, etwas hartnäckiger bei manchen Dingen am Ball zu bleiben. Oder aber Sie haben bereits den Grundstein gelegt. Dann könnte jetzt die Erntezeit beginnen. Wirklich eine sehr günstige Karte, die Ihnen hier zur Seite steht. Die Chance auf sehr viel Schönes in der nächsten Zeit besteht. Tragen Sie Ihr Selbstbewußtsein auch nach außen – Ihre Umgebung wird Ihnen mit Respekt begegnen und Ihre Ansprüche nicht verwehren.

23. bis 31. März

Farbe

Grün, die Farbe der Hoffnung und Harmonie, wird Sie im Hochgefühl der nächsten Tage bestens unterstützen. Subtil und leise ist die grüne Schwingung. Sie wird dennoch Ihre Stimmung auf Händen tragen, so daß Sie wie auf Wolken schweben. Privates Glück können Sie nun fördern. Falls Sie diese friedvolle Atmosphäre noch ein wenig länger festhalten möchten, sollten Sie in Ihrem Wohnzimmer mit Hilfe einer grünen Glühbirne ein grünes Lichtermeer herbeizaubern. Grün kann im Gegensatz zu allen anderen Farben nie ins Gegenteil umschlagen, sondern übt auf seinen Betrachter oder Träger immer eine harmonisierende Wirkung aus.

Edler Stein

Der tiefgrüne **Smaragd** gehört seit alters her zu den magischsten Steinen überhaupt. Er war der Göttin Venus geweiht, wer keusch lebte, dem wurde sogar die Gabe der Prophetie zuteil. Deshalb ist der Smaragd auch ein Symbol der fruchtbaren Natur – wie die Tarotkarte »Die Herrscherin«. Da Sie gerade jetzt in diesem Glücksgefühl der Liebe und Fülle schwelgen, wird Sie ein Smaragd bestens unterstützen. Tragen Sie ihn bei sich, befühlen Sie seine kühle Ausstrahlung. Lassen Sie seine Magie auf sich wirken.

Sollten Sie nicht im Besitz eines Smaragds sein, so können Sie auch zu einem **Karneol** greifen, der bereits nach alter Überlieferung als mächtiger Talisman galt. Auch ein Karneol kann Sie in diesen Tagen stimulieren.

Pflanze

Um Ihr Wohlgefühl abzurunden, sollten Sie sich ein entspannendes Bad mit **Thymian** gönnen. Einfach getrockneten Thymian (ca. 500 g) mit ebensoviel Kamille aufgießen und dem Bad zusetzen. Ihre Gedanken werden frei und lassen Sie schweben.

Aroma

Holen Sie sich **Rosenöl**. Es entspannt, regt Ihre Sinne an und kann Ihnen eine Woche voller Sinnenfreuden bereiten. Kein Kummer wird Sie bedrücken, statt dessen werden Sie auf einer Wolke gehobener Stimmung schweben.

In den nächsten Tagen sind Ihnen die Karten wirklich wohlgesonnen. Betrachten Sie die Herrscherin – sie fühlt sich rundherum wohl in ihrem prächtigen, üppigen Garten. Tun Sie es ihr gleich – lassen Sie Ihren Emotionen freien Lauf, denn augenblicklich sind Sie nicht nur ein äußerst unterhaltsamer Zeitgenosse, sondern tragen auch ein ungestilltes Bedürfnis nach Vergnügen mit sich. Lassen Sie dies ruhig heraus. Geben Sie sich den Freuden dieses Lebens hin.

Die HERRSCHERIN

Besondere Aktivitäten sind zur Zeit nicht gefragt. Ihnen fehlt wahrscheinlich dafür die rechte Laune. Ihre alltäglichen Sorgen, Verpflichtungen und Anstrengungen jedoch belasten Sie in dieser Woche nicht so sehr, deshalb können Sie sich ganz Ihren privaten Interessen und Hobbys widmen. Und da Krebse sich generell immer für viele Dinge interessieren, wird Ihnen diese Woche bestimmt nicht langweilig werden.

GERECHTIGKEIT

Die Herrscherin läßt Sie außerdem äußerst erotisch wirken und sein. Also steht gerade auf dem privaten Sektor glücklichen und sorglosen Tagen nichts mehr im Wege. Denken Sie aber an die Gerechtigkeit, die alles, was man tut, zu einem zurückbringt. Sie sollten sich also trotz Ihres ungeheuren Charmes, den Sie jetzt versprühen, nicht unbedingt Hals über Kopf in sämtliche Liebesaffären dieser Welt stürzen. Krebse sind eigentlich viel zu romantisch für Kurzabenteuer. Aber die Karten warnen trotzdem vor einem unüberlegten Stelldichein mit Folgen.

Genießen Sie statt dessen, ohne über die Stränge zu schlagen, dann können Sie auch »ernten«. Betrachten Sie die Figur auf der 7 der Münzen. In aller Ruhe und Zufriedenheit genießt dieser Mensch das, was er in früheren Anstrengungen gesät und geerntet hat. Die Münzen geben nicht nur Aufschluß über materiellen, sondern auch emotionalen Reichtum. Und wenn Sie so fröhlich wie in diesen Tagen gute Laune verbreiten, kann Ihnen das auch eine Menge wieder einbringen.

1. bis 11. April

Farbe

Die kühle Farbe **Blau** verleiht ihrem Träger intuitive Erkenntnis und hebt den Geist in höhere Sphären. Blau verleiht Weisheit und Reinheit. Alle Eigenschaften dieser beruhigenden Farbschwingung können Sie nun brauchen. Ihr intuitives Wissen ist gefragt, setzen Sie es ein, so können Sie große Erfolge feiern. Tragen Sie also jetzt verstärkt Blau, ein blaues Tuch oder zumindest immer etwas Blaues bei sich, so können Sie diese Farbe am besten für sich nutzen. Benutzen Sie eine blaue Frühstückstasse. Es sollte allerdings ein strahlendes, klares Blau sein, nicht zu dunkel, dann können Sie bereits mit Tagesbeginn die hervorragenden Eigenschaften des Blaus tanken.

Edler Stein

Der sanft leuchtende **Lapislazuli** gilt als Stein der Harmonie. Gerade diese brauchen Sie in den nächsten Tagen. Die Ägypter nannten ihn den »Stein des Himmels«. Er sollte Weisheit, Freude und Heiterkeit bringen. All seine Eigenschaften können Sie in den nächsten Tagen sehr gut brauchen. Lassen Sie also einen Lapislazuli ständig an Ihrer Seite sein. Mögliche Auseinandersetzungen oder Stimmungsschwankungen halten sich dann in Grenzen.

Pflanze

Eine Tasse Tee mit **Thymian** bedeutet ein wahres Wundermittel für Ihre Nerven, die leicht angespannt sein können. Ein kleiner Zweig für eine große Tasse reicht aus. Sie werden die beruhigende Wirkung sofort spüren und die nächste Zeit bestens überstehen.

Aroma

Der Duft von **Aloeholz** regt Ihre Lebensgeister an. Da Sie in den kommenden Tagen möglicherweise anstrengende, aber gewinnbringende Tage vor sich haben, ist der holzige Duft von Aloe jetzt genau richtig.

Es ist Zeit, am Rad des Schicksals zu drehen. Verlieren Sie aber vorher nicht die Nerven, denn im Moment verlangen die Karten harten Einsatz von Ihnen. Das Rad läßt sich nur schwer drehen. Wollen Sie aber an die Spitze kommen, so ist es die Anstrengung allemal wert. Lassen Sie sich durch Streß oder kleine Ärgernisse nicht aus dem Konzept bringen. Hier setzt auch die Gerechtigkeit ein – eine mächtige Karte, die Einsatzwillen fordert und in erster Linie sagt: Alles, was man tut, kommt zu einem zurück. Wenn Sie sich jetzt also voller Kraft und Eifer einsetzen, können die Ergebnisse nur ebenso groß und vor allem auch positiv sein. Krebse greifen eigentlich nicht so gerne in den Verlauf der Dinge ein. Doch überwinden Sie dieses Mal die typische Krebseigenschaft, und setzen Sie sich deutlich ein für das, was Sie möchten.

Sollten Sie jedoch über einige ärgerliche Kleinigkeiten stolpern, dann ist jetzt der richtige Zeitpunkt gekommen, über den Sinn Ihres Handelns nachzudenken. Was ist für Sie wichtig und was nicht? – Machen Sie es der Gerechtigkeit

gleich: Legen Sie alles auf die Waagschalen. Wägen Sie es gegeneinander ab, und fällen Sie erst nach sorgfältiger Prüfung Ihre Entscheidung. Lassen Sie diese aber dem Schwert gleich niedersausen, und tun Sie es dann auch mit Entschlossenheit. Wichtig ist, daß Sie sich vergegenwärtigen, daß das Rad des Schicksals Ihnen jetzt große Entscheidungen abverlangt. Das heißt aber auch, Sie sollen mit Weitblick zukunftsorientiert planen. Die Gestaltung Ihrer eigenen Zukunft kann jetzt beginnen. Seien Sie am Anfang ein wenig bedächtig bei der Sache, dann können Sie anschließend um so kräftiger und gewinnbringender am Rad des Schicksals drehen, das durchaus Ihr Glücksrad werden kann.

12. bis 18. April

Farbe

Silber oder Silberblau sind die angemessenen Farben in diesen Tagen. Die silberne Schwingung beruhigt und kühlt Ihre Nerven. Das können Sie augenblicklich gut brauchen, da Ihre Nerven ein wenig blank liegen und Sie zu etwas überreizten Reaktionen neigen. Tragen Sie Silber, oder entzünden Sie abends daheim eine silberne Kerze. Sie werden merken, wie Sie plötzlich freier durchatmen können. Ihre Emotionen wallen nicht mehr so schnell auf. Ihre Umgebung wird es Ihnen danken.

Edler Stein

Setzen Sie jetzt einen **Bergkristall** ein. Dieser Stein bringt Harmonie und Frieden. Er wird dem Stirnzentrum zugeordnet. Befühlen Sie öfters seine kühlende Wirkung. Oder sehen Sie einfach in den Stein hinein. Man bekommt tatsächlich inneren Frieden, sobald man sich nur ein wenig in die Ruhe dieses Steins hineinversetzt.

Pflanze

Kamille ist das bewährte Mittel zur Beruhigung. Falls Sie Kamillentee allerdings überhaupt nicht mögen, können Sie auch ein Kamilleschaumbad nehmen. Dies ist immer ein sinnlicher Genuß. Drehen Sie das Licht nicht voll auf, sondern stellen Sie paar Kerzen in das Badezimmer. So beruhigen sich Ihre angespannten Nerven gleich viel schneller.

Aroma

Meiden Sie zur Zeit Rosenduft. Dieses Aroma könnte Sie arrogant und überheblich machen, und das sollte gerade jetzt nicht noch provoziert werden. Greifen Sie statt dessen zu **Orange**. Der sanfteste Zitrusduft hat eine immense Wirkung. Sie können wieder klar denken und sehen nicht alles gleich so negativ. Bei Orangenöl dürfen Sie mehr als nur ein paar Tropfen verwenden, da Orangenöl sehr schnell verfliegt und auch nicht zu intensiv duftet. Ein klärendes Aroma, das alle Unstimmigkeiten einfach »wegduftet«.

Die Karten können Ihnen jetzt zu gesteigerter Dynamik verhelfen, falls Sie es zulassen. Wichtig ist in diesen Tagen vor allem, daß Sie sich selbst ein wenig die Zügel anlegen. Ihr Aggressionspotential ist augenblicklich sehr gesteigert. Dadurch könnten aber auch unkontrollierbare Emotionen hervorschießen. Als typischer Krebs weisen Sie ein sehr reiches Gefühlsleben auf. Damit diese Emotionen nun nicht alle auf einmal und völlig eruptiv, vulkanartig, aus Ihnen hinausschleudern, sollten Sie sich doch ein wenig in ruhigere Gewässer begeben. Eine Woche willenstarken, harten Einsatzes steht Ihnen bevor. Sie können durchaus viel erreichen in diesen Tagen. Gerade beruflich. Betrachten Sie die 5 der Stäbe, und halten Sie sich diese Karte jetzt immer vor Augen. Die Szene sieht aus wie ein Kampf. Doch es ist nur ein Scheinkampf. Niemand verletzt den anderen. Sie sollen sich also im Konkurrenzkampf üben. Schießen Sie aber nicht über das Ziel hinaus. Üben bedeutet, keinem anderen Menschen weh zu tun. Das brächte nur ungeahnten Ärger mit sich. Auch Ihre Umgebung ist im Moment auf der Hut.

Stärken Sie Ihre Fähigkeiten, indem Sie üben. Aber verletzen Sie dabei keinen Menschen.

Die Folgen eines falschen Handelns können Sie auf der Karte 7 der Stäbe sehen. Die Figur setzt sich gegen viele Angreifer zur Wehr. Sie müßten also bei einer überhitzten Reaktion durchaus mit einigen Gegenangriffen rechnen. Sollte es dazu kommen, dann betrachten Sie die Karte nochmals: Der Verteidiger trägt einen Schuh und einen Stiefel. Das bedeutet, Sie wären zwar in jedem Fall für alles gewappnet. Aber riskieren Sie trotzdem nicht zu viel. Üben Sie jetzt, dann können Sie sich später im Lebenskampf bewähren.

19. bis 25. April

Farbe

Greifen Sie erneut zu **Gelb**. Die Karten sind Ihnen zwar gar nicht so wohlgesonnen, doch wollen sie nicht auf ernsthafte Schwierigkeiten hinweisen oder Ihnen welche bereiten. Vielmehr sollen Sie zum Umdenken bewogen werden. Gelb, mit seiner leuchtenden Intensität, wird Ihre Denkarbeit äußerst positiv unterstützen. Wenn Sie sich auf die Farbe einlassen, können Sie Veränderungen herbeiführen und Fehler korrigieren. Vielleicht besorgen Sie sich auch eine gelbe Glühbirne und leuchten den Raum, in dem Sie sich gerne aufhalten, für einige Zeit in Gelb aus. Dies wird Sie bei Ihrer geistigen Arbeit sehr unterstützen. Doch Vorsicht – nicht bei gelbem Licht einschlafen, denn diese rege Schwingung würde Sie Ihres Schlafes berauben.

Edler Stein

Ein **Tigerauge** kann Ihnen helfen, Ihren Blick auf das Wesentliche zu konzentrieren. Betrachten Sie diesen warmen, gelbbraunen Stein genauer. Er wird sich Ihnen offenbaren und Ihnen das dritte Auge öffnen für mögliche Stolpersteine auf Ihrem Lebensweg.

Pflanze

Die **Minze** oder auch Zitronenminze vermag Ihren Geist zu reinigen. Ihr starker, frischer Duft entfaltet sich bereits, sobald Sie nur ein klein wenig an den Blättern reiben. Minze sieht generell unglaublich hübsch aus und belohnt jede Art der Zuwendung mit eindrucksvollem Wachstum. Sollten Sie sich also frische Minze holen, dann gönnen Sie der Pflanze doch auch gleich einen neuen Topf. (Darf nicht zu groß sein, benötigt aber viel Licht, und sie gedeiht.) So können Sie bei Bedarf gleich auf eigene Blattvorräte zurückgreifen.

Aroma

Salbei kann Ihre Konzentration stärken und Ihren Willen wieder auf Vordermann bringen. Das Duftlämpchen aber niemals mit zuviel Salbei beträufeln – unruhige, schlaflose Nächte und demzufolge erhöhte Nervosität wären die unschöne Folge. Allzuviel ist eben ungesund. Salbei wohldosiert eingesetzt, verspricht Ihnen jedoch herrliche, erholsame Nächte, in denen Sie Kraft tanken können für anstrengende Tage.

Die Karten lassen Sie nun kaum zur Ruhe kommen. Spannungen kündigen sich an. Diese sind zwar nicht wirklich ernsthaft, doch auf jeden Fall lästig. Sie können gegenwärtig einfach nicht so handeln, wie Sie sich das eigentlich vorgestellt haben. Ihr Bewußtsein richtet sich nicht konzentriert auf eine Sache, und so kommt es zu Flüchtigkeitsfehlern. Als Krebs können Sie gerade auf unbedachte Äußerungen Ihrer lieben Mitmenschen sehr verletzt reagieren. Ihnen fällt es dann sehr schwer, die Dinge unter Kontrolle zu halten. Möglicherweise werden Sie in Ihrer Handlungsfreiheit auch von außen eingeschränkt – jemand tut Ihnen etwas zuwider, und Sie reagieren dann allerdings völlig unangemessen darauf.

Eine dieser Reaktionen könnte sein, daß Sie ziemlich wütend werden. Aber auch das Gegenteil kann eintreten. Betrachten Sie die 10 der Schwerter. Diese Karte sieht äußerst düster aus. Ein Mann liegt wie erschlagen am Boden. Genau. Wie erschlagen bedeutet nicht, daß es wirklich ist. Er bildet sich das ein. Sehen Sie genauer hin, erkennen Sie sicherlich auch das Schwert in seinem Ohr. Das bedeutet, es kann Ihnen nun wie dieser Figur ergehen: Sie haben ein Schwert im Ohr stecken. Sie wollen gar nichts mehr hören. Durch dieses mit Hysterie zu vergleichende Gefühl sieht diese Figur aber auch den Silberstreifen am Horizont nicht. Die Dunkelheit weicht bereits. Die Wasser sind ruhig. Versuchen auch Sie, ruhig zu bleiben. Gehen Sie mit Ihren vielen, vielen Krebsgefühlen sparsam um, damit diese nicht zu hysterisch werden.

Leider zeigt sich in dieser Woche auch mangelnde Phantasie. Was gerade für den Krebs ziemlich schlimm sein könnte. Sehen Sie die vielen Münzen auf der 10 der Münzen? Diese symbolisieren Ihren Reichtum. Dennoch geht es Ihnen wie der Familie auf der Karte. Sie sehen die Weisheit nicht – den alten Mann – und sie sehen den ungeheuren Reichtum nicht, der direkt vor ihnen liegt.

Diese beiden Gefühle in Ihnen – Hysterie und Nichterkennen – sollten Sie wirklich vorsichtig machen. Die Fettnäpfchen sind gegenwärtig breit gestreut in Ihrer Umgebung. Nur zu leicht könnten Sie Dinge sagen, die Menschen, die Sie wirklich sehr gern haben, sehr kränken.

Ziehen Sie zuerst das Schwert »aus Ihrem Ohr«, und lauschen Sie Ihren Instinkten. Gerade jetzt wird Ihnen mehr als nur ein Licht aufgehen. Sie haben so die Chance, aufgrund des Erkennens Ihrer Verhaltensfehler die gewonnenen Einsichten für die Zukunft positiv zu nutzen.

26. bis 30. April

Farbe

Indigo, auch Mitternachtsblau genannt, steht Ihnen jetzt besonders gut. Diese Farbschwingung gibt Ihnen Selbstvertrauen, und dieses brauchen Sie besonders jetzt. Nun kommt eine Phase, in der Sie Ihr Leben stabilisieren können, sofern Sie dafür eintreten. Zudem verleiht Indigo auch intuitives Wissen, ähnlich wie Blau. Dieses wird Ihnen helfen, sich besser und positiver zu entfalten. Indigo stärkt Ihren Glauben an sich selbst.

Edler Stein

Der **schwarze Onyx** gilt in manchen Kulturen als Unglücksstein. Der Grund: Er wird dem klassischen Unglücksplaneten Saturn zugeordnet. Doch Ihnen steht der Onyx nun tatkräftig zur Seite. Ihr Wissen um sich selbst kräftigt und stärkt dieser Stein, so daß Sie der Beherrscher Ihrer eigenen Welt werden können. Übertreiben Sie jetzt allerdings nicht. Tragen Sie nicht gleich eine ganze Kette aus Onyx, denn seine Kräfte sind sehr groß. Sie könnten momentan ein wenig überfordert werden. Tragen Sie lieber den Stein als Ring gefaßt oder als Handschmeichler in der Tasche.

Pflanze

Die **Mistel** ist eine der heiligsten Pflanzen. Sie gilt weit über unseren Kulturraum hinaus als magische und mystische Wunderbringerin. Die Mistel wird nun äußerst wichtig für Sie, denn sie kann Ihre Person beschützen und Ihnen das nötige Selbstvertrauen geben. Gerade in dieser Zeit blüht die Eichelmistel. Halten Sie Ausschau nach Eichen oder Kastanien. Sollten Sie keine Misteln auf dem Wochenmarkt oder im Blumenladen erstehen können, bleibt nur die freie Natur. Da es sehr schwierig ist, bei uns Misteln zu ergattern, können Sie auch auf ein Bild der Mistel zurückgreifen, um es ab und an zu betrachten. Allein ihr Anblick gewährt Ihnen viele Einblicke.

Aroma

Der aromatische Duft der **Zypresse** wird Sie jetzt kräftigen und stärken, so daß Sie Ihren Willen genau auf das Ziel ausrichten können, das Sie anstreben. Außerdem erkennen Sie mit Hilfe dieses holzigen, extravaganten Duftes genau, welche Dinge im Leben nun Ihre Aufmerksamkeit erfordern und welche nicht.

Keine Sorge. Der Übeltäter des Tarot, der ewige Verführer Teufel, kommt überhaupt nicht zum Zug. Vielmehr geht es um Ihre Welt und ihre Gestaltung. Gehen Sie ein wenig in sich. Aktivieren Sie Ihre Potentiale, so können Sie sehr viel erreichen.

Der TEUFEL

Es geht jetzt darum, einen Ausgleich zu schaffen zwischen Ihren Wünschen und Hoffnungen sowie den Dingen, die Sie bereits auf den Weg gebracht haben. Versuchen Sie, sich selbst zu verstehen und damit auch die Welt, in der Sie leben, nur dann können Sie viele Dinge beherrschen. Ihre Entwicklung hin zu den Dingen des Lebens, die Ihnen gefallen, können Sie jetzt positiv beeinflussen. Versuchen Sie mit intuitiver Erkenntnis, Ihre eigene Sicht der Dinge zu entwickeln. Sobald Sie also wissen, warum Sie etwas tun wollen, können Sie es auch erreichen. Setzen Sie sich jetzt als Krebs für sich selbst ein. Ihre gefühlvolle Seele wird Ihnen Ihre Wünsche mitteilen. Mit Ihrem analytischen Denken können Sie dann überlegen, wie Sie vorgehen möchten, um Ihre Hoffnungen in die Tat umzusetzen.

Die WELT

Betrachten Sie die Weltentänzerin. Sie trägt zwei Stäbe in ihren Händen, was symbolisiert, daß sie es geschafft hat, einen Ausgleich herzustellen zwischen ihren Wünschen und deren Verwirklichung.

Hinzu kommt, daß es nur noch einiger Rückfragen Ihrerseits bedarf, und Sie werden bekommen, was Sie möchten. Beherzigen Sie die vorher gesagten Dinge. Es ist auch möglich, daß Ihre Welt endlich die ersehnten festeren Strukturen erhält. Eine bislang lockere Beziehung kann sich nun festigen, oder Ihre Arbeitsstelle wird Ihnen auf längere Zeit zugesichert. Gegenwärtig sind also viele Dinge möglich. Mit Ihrer Hilfe läßt sich vieles realisieren.

1. bis 9. Mai

Farbe

Hochstimmung kommt auf und steigert Ihr Selbstvertrauen. Um ein wenig zur Ruhe zu kommen und gleichzeitig diesen aufgeladenen positiven Zustand optimal für sich zu nutzen, sollten Sie sich mit edlem **Gold** umgeben. Tragen Sie ein Goldkettchen, fühlen Sie es auf Ihrer Haut, und empfangen Sie die warme Energie, die es verströmt.

Gold gilt als die höchste Farbe. Setzen Sie es ein, um die großen Chancen, die sich Ihnen bieten, auch wahrzunehmen. Lassen Sie die Erkenntnisse, die Ihnen Ihr höheres Selbst und Ihre Intuition liefern, für sich arbeiten.

Gold symbolisiert das Licht des Unbewußten, das Wissen um alles, was geschieht. Mit Hilfe der goldenen Schwingung verhelfen Sie der Tarotkarte »Die Sonne« dazu, das in Ihnen zu wecken, was die Karte erstrebt. Sie sollen alles klar und deutlich sehen, gefüllt von Licht, und so den Garten Ihrer Seele entdecken.

Edler Stein

Besitzen Sie einen **Diamant**, sollte er zu Ihrem auserkorenen Liebling werden in dieser Woche. Der König der Edelsteine, auch »Splitter der Ewigkeit« genannt, wird Ihnen bei der einfachsten Berührung einen Hauch seiner Magie mit auf den Weg geben und die positiven Veränderungen in Ihrem Leben unterstützen.

Pflanze

Der **Lorbeer** war dem Sonnengott geweiht. Agrippa von Nettesheim schrieb über diese Zuordnung: »...heilig der Lorbeer, ...immergrünend nicht des Winters Strenge fürchtend.« Wollen Sie von der kraftspendenden Pflanze profitieren, bereiten Sie sich ein herrliches Mahl mit Lorbeer. Lassen Sie den intensiven Geschmack auf Ihrer Zunge zergehen. Nehmen Sie die Wirkung in sich auf, so werden Ihr Selbstvertrauen und Ihr Mut noch mehr gestärkt.

Aroma

Der warme, sinnliche Duft von **Moschus** entführt Sie direkt in den Garten Ihrer Seele. Dieser Duft weckt die Lebensfreude in Ihnen, die Sie jetzt zu mehr Freiheit in Ihrem Leben verführen kann.

Kein Wölkchen trübt diese Sonne. Sie strahlt in ihrer Reinheit und bringt Freude und Optimismus. Die Karte will kindliche Freuden sowie ein starkes Selbstbewußtsein in Ihnen wecken. »Die Sonne« bringt im wahrsten Sinne des Wortes Sonne in Ihr Leben.

Die SONNE

Sie fühlen sich topfit und sind derart unternehmungslustig, daß Sie es gar nicht abwarten können, Abenteuer zu erleben. Dann stürzen Sie sich doch mit Begeisterung hinein. Lassen Sie Ihren Emotionen (der Löwe auf der Karte) freien Lauf. Halten Sie diese nicht unter Kontrolle, und Sie können möglicherweise Berge versetzen. Sie sollen nicht gleich über das Ziel hinausschießen, aber dennoch sind Taten der Freude angesagt. Hier können Sie sich als gefühlvoller oder romantischer Krebs voll ausleben. Je nachdem, wie und was Sie möchten.

Haben Sie bereits Pläne für eine positive Veränderung in Ihrem Leben gefaßt, ist jetzt die Zeit gekommen, diese Vorstellungen in die Realität umzusetzen. Ihnen werden sich keine nennenswerten Hindernisse in den Weg stellen. Be-

KÖNIG der STÄBE

trachten Sie den König der Stäbe. Ein fröhlicher König, der aussieht, als wolle er am liebsten sofort lospreschen. Zu seinen Füßen ist eine flinke Eidechse zu sehen. Auch sie läuft, wenn es darauf ankommt, äußerst schnell zum Ziel. In seiner Hand hält der König einen Stab – das Symbol eines fruchtbaren Neubeginns.

Durchaus möglich, daß Sie plötzlich »wie von selbst« merken, wie festgefahren Sie sind und daß Sie Ihr Leben auf diese Weise nicht weiterleben möchten. Der Zeitpunkt ist günstig, um Veränderungen herbeizuführen. Ihre innere Stimme sagt Ihnen genau das Richtige. Vertrauen Sie ihr!

Nur eines dürfen Sie dem König nicht gleichtun. Wenn Sie wissen, was Sie wollen, dann packen Sie es auch an. Nur nachdenken oder darüber reden führt Sie natürlich nicht ans Ziel. Handeln Sie!

10. bis 16. Mai

Farbe

Gelb wird nun zu Ihrer Farbe. Wichtige Neuigkeiten und deren Verarbeitung kommen auf Sie zu. Der gelbe Strahl wird am positivsten helfen können, denn Gelb klärt den Verstand und läßt Sie logisch und strukturiert denken. Hinzu kommt, daß Gelb Geistesblitze geradezu fördert. Nehmen Sie also in diesen Tagen ein gelbes Tuch als ständigen Begleiter, und betrachten oder befühlen Sie es immer wieder einmal. Sie können aber auch gelbe Rosen in Ihre Wohnung stellen und so die gelbe Schwingung auf sich wirken lassen.

Zu viel Gelb ist ungesund. Achten Sie also darauf, sich nicht ausschließlich mit dieser Farbe zu umgeben. Wohldosiert eingesetzt, fördert Gelb Ihre schöpferischen Ideen und läßt Sie brillant, witzig und genial erscheinen. Zu viel bewirkt, daß Ihre Zunge geschliffen scharf wird und Sie jemandem, der Ihnen bislang noch wohlgesonnen war, empfindlich über den Mund fahren und gegen sich aufbringen. Also öfters in kleinen Mengen die gelbe Schwingung genießen. So können Sie sich in dieser Woche wirklich hervortun.

Edler Stein

Das **Tigerauge** hilft Ihnen, den richtigen Weg einzuschlagen. Der Stein beschützt Sie und verleiht Ihnen die Macht, vorausschauende Gedanken zu haben und Dinge für Ihre Zukunft in die Wege zu leiten.

Pflanze

Bei all den Neuerungen und Überraschungen der nächsten Tage tut ein wenig Entspannung sehr gut. Brühen Sie sich eine Tasse **Majorantee** auf, und Sie werden neue Kräfte schöpfen für die nächste Runde.

Aroma

Eukalyptusöl schärft Ihren Verstand und macht Sie hellwach. Dies ist notwendig, damit Sie alles zu Ihrer Zufriedenheit erledigen und brillieren können wie der Magier.

Asse sind im Tarot immer ein Zeichen für eine Chance. Das haben Sie bereits kennengelernt. Die Karten sind Ihnen auch jetzt wohlgesonnen, aber Sie müssen etwas dafür tun, damit Sie die angebotene Chance auch umsetzen können.

Das As der Schwerter ist die Chance für eine intellektuelle Entscheidung. Eine Nachricht kann Sie nun erreichen. Durch diese Mitteilung bietet sich Ihnen die Gelegenheit, eine wichtige Entscheidung zu treffen. Setzen Sie für diese Wahl vor allen Dingen Ihren Intellekt ein. Schwerter gelten als Zeichen des Verstandes. Setzen Sie nun Ihr bewußtes Denken ein, um die Dinge auf den Weg zu bringen.

Helfen kann Ihnen dabei die Königin der Münzen. Nur auf den ersten Blick wirkt die Königin der Münzen inaktiv. Sehen Sie genau in die rechte untere Ecke der Karte. Hier finden Sie ein Kaninchen – das Zeichen der Fruchtbarkeit. Die Königin ist also nicht einfach nur in sich versunken. Sie denkt über neue Möglichkeiten nach, um ihren Reichtum zu vergrößern. Die Münzen im Tarot beschreiben sowohl den materiellen als auch den ideellen Reichtum. Wollen Sie nun eine Entscheidung über Finanzen oder aber über Ihr seelisches Wohl fällen, sollten Sie sich an die Königin der Münzen halten. Ruhig sitzt sie da und denkt in Harmonie (ihr grüner Mantel) über ihre weitere Zukunft nach. Dabei ist sie aber auch noch überaus charmant. Verhalten Sie sich wie die Königin der Münzen. Im Augenblick können Sie Ihren Gesprächspartner regelrecht um den Finger zu wickeln.

KÖNIGIN der MÜNZEN

AS der SCHWERTER

Sobald Sie alles bedacht haben, werden Sie auch wirklich aktiv. Denn so mancher Krebs fand sich nach endlosen Grübeleien in einem wahren gedanklichen Dickicht wieder, unfähig, auch nur einen Bruchteil seiner Theorie in die Praxis umsetzen zu können.

17. bis 23. Mai

Farbe

Subtil und leise ist die **grüne Schwingung**. Sie vermag dennoch Ihre Stimmung auf Händen zu tragen. Privates Glück können Sie nun fördern. Falls Sie diese friedvolle Atmosphäre noch ein wenig länger festhalten möchten, sollten Sie sich so viel wie möglich in der freien Natur aufhalten. Die ersten Vorboten der blühenden Pracht kämpfen sich bereits an das Licht der Frühlingssonne. Sie können nach einem immergrünen Baum im Park Ausschau halten, der Sie besonders anspricht. Fühlen Sie mit jedem Schritt, den Sie auf den Baum zugehen, dessen Kraft und Energie. Lehnen Sie sich an seinen Stamm. Sie werden erstaunt sein über die Fülle an Harmonie, die auf Sie übergehen wird.

Edler Stein

Nach Albertus Magnus befreit der Karneol »die Seele von schwermütigen Gedanken ...«. Und diese könnten Sie jetzt nicht brauchen, schließlich geht es um die Wegbereitung für Ihre Zukunft. Der **Karneol** regt außerdem die Sinne an. In den kommenden Tagen bleibt Sinnlichkeit einer Ihrer Hauptgedanken.

Besitzen Sie einen **Smaragd**, dann erfreuen Sie sich an diesem der Venus geweihten, tiefgrünen Stein, der mit seiner Magie Ihren augenblicklichen umwerfenden Charme noch strahlender erscheinen lassen wird.

Pflanze

Der beruhigende **Thymian** wird Sie nun mit seiner Wirkung überzeugen. Vielleicht finden Sie auch in einer Gärtnerei den ganz besonders lieblich duftenden Orangenthymian? Er ist zwar kleinblättriger, aber verströmt und entfaltet trotzdem ein herrliches Aroma. Mit Orangenthymian gebackene Kartoffeln sind ein echter Genuß. Dieses Essen bringt Ihnen dazu noch wohltuende Kräfte.

Aroma

Stellen Sie sich ein paar **Rosen** ins Zimmer. Am besten wären rote Rosen. Achten Sie darauf, keine Hybridrosen zu kaufen, die außer Schönheit nichts zu bieten haben. Vielleicht finden Sie in einem liebevoll geführten Blumenladen herrlich duftende, englische Rosen, deren Aroma Sie einfach verzaubern wird.

Hektische Aktivitäten sind fehl am Platze. Eine Zeit der Ruhe und Stille tritt ein. Dazu kommt, daß Sie zur Zeit wirklich eine tolle Ausstrahlung haben. Möglicherweise gerade durch Ihre innere Ruhe. So manches Herz liegt Ihnen jetzt zu Füßen.
Die viele Ruhe wird Ihnen als Krebs gefallen. Wichtig ist für Sie, einmal richtig auszuspannen. Betrachten Sie die Figur auf der Karte. Ruhig und entspannt meditiert sie in einer Kirche. Sie müssen jetzt nicht gleich ein Gotteshaus aufsuchen, aber dieses ist das Symbol für Ruhe und Geborgenheit. Suchen Sie Ihren Lieblingsplatz in der Wohnung oder Ihrem Haus auf. Machen Sie es sich so richtig bequem!
Die 4 der Schwerter ist auch die »Genesungskarte«. Hat Sie der Streß in letzter Zeit arg gebeutelt, so können Sie sich jetzt davon erholen. Einfach zurückziehen und genießen. Vielleicht kommen Ihnen gerade jetzt brillante Ideen, wie Sie Ihre Existenz sichern und Ihr Leben verbessern können. Ihre innere Harmonie und Ihr Gleichgewicht lassen Sie Dinge in Gang setzen, die Ihnen später als guter Gewinn angerechnet werden. Genesen Sie von Streß und Anspannung. Lassen Sie sich von Ihren positiven Gefühlen leiten, und Sie werden Gutes ernten.
Jetzt gilt vor allem, Ihren höflichen Krebs in sich um Verzeihung zu bitten. Sollten Freunde oder Bekannte mit unzähligen Problemen an Ihre Tür klopfen, so bestehen Sie einmal darauf, in erster Linie für sich selbst da zu sein. Dies ist nicht egoistisch. Und außerdem sollen Sie sich ja nicht das ganze Jahr derartig abschirmen. Denken Sie daran: Selbst der hilfsbereiteste Krebs braucht einmal Erholung und Zeit für sich selbst.

24. bis 31. Mai

Farbe

Silber oder Silberblau läßt Sie die Hochstimmung der vergangenen Tage noch länger aufrechterhalten. Nutzen Sie die silberne Schwingung, um in den kommenden Tagen positive Veränderungen vorzunehmen. Die Zeit ist günstig, auf Ihre innere Stimme zu hören. Setzen Sie dann diese kraft Ihres Verstandes gewinnbringend ein. Tragen Sie ein Silberkettchen, spüren Sie seine kühlende Wirkung, und lassen Sie Ihre Intuition schwingen. Diese Woche eignet sich hervorragend für Aktivitäten, die Sie einem gesteckten Ziel näherbringen.

Edler Stein

Eine **Perle** bietet in dieser Woche wertvolle Hilfe und Unterstützung. Wenn Sie die glatte, silbern schimmernde Oberfläche in Ihren Händen fühlen, werden die Kräfte dieses wertvollen »Edelsteines« auf Sie ausstrahlen und Ihre Lebenskraft erhöhen. In den kommenden Tagen sind Sie und Ihre Energie gefragt. Doch heißt es für Sie immer, einen kühlen Kopf zu bewahren. Die Perle beruhigt und kühlt und reinigt. Durch diese Reinigung erfolgt die Veränderung. Sie können Ihre innere Stimme freimachen und dann zu neuen Taten schreiten.

Pflanze

Der **Rosmarin** gehört zu den Heil-, aber auch Zauberpflanzen. Geschätzt wird Rosmarin vor allem wegen seiner reinigenden und befreienden Kraft. Genau diese benötigen Sie in den nächsten Tagen. Ein Rezept von Pfarrer Kneipp wird Ihnen hierbei große Dienste leisten: »Wie er (der Rosmarin) stark riecht, so ist auch seine Wirkung groß. Ein Zweiglein, etwa so lang wie ein Finger, liefert schon ... eine hinreichende Menge für einige Tassen Tee ...« Genießen Sie also diese Tage bei einer selbstgebrühten Tasse Rosmarintee.

Aroma

Weihrauch ist jetzt der Duft für Sie. Sie sollen Ihre Emotionen ein wenig freier ausdrücken. Damit Ihnen dies auch gelingt, greifen Sie zu Weihrauch. Außerdem schützt der intensive Duft auch vor Niedergeschlagenheit, falls mal nicht gleich alles so gelingt, wie es soll.

Der Wagen fordert Sie nun auf, aktiv zu werden. Ihre ganzen Energien mobilisieren sich gerade und warten auf ihren Einsatz zum Handeln. Geben Sie Ihrem Drang nach Aktivität ruhig nach. Ihre innere Stimme ist vorhanden, doch möchte sie lediglich auf Dinge aufmerksam machen, die Sie bereits angedacht haben.

Eine günstige Gelegenheit, Ihre Vorsätze in die Tat umzusetzen, da sich die Hohepriesterin in ihrer Lichtseite zeigt. Die Wünsche werden in Ihnen stärker, der Wagen wird dadurch zu Aktivität angespornt und läßt Sie konsequent handeln. Geführt von Ihrer inneren Stimme, warten Ideen und Vorhaben, die in Ihnen schlummern, geradezu darauf, nun in die Tat umgesetzt zu werden. Ihr Herz und Ihr Verstand (die beiden Sphinxe des Wagens) streben derzeitig in eine gemeinsame Richtung, so daß Sie kein Gefühl innerer Zerrissenheit beschleichen wird. Sie können den Wagen zu einem Triumphwagen werden lassen. Das heißt also, Sie müssen nicht nach Krebs-Art alles mit Tiefgang durchdenken. Das haben Sie schon erledigt. Jetzt wäre wirklich eine

gute Zeit zum konkreten Tun. Außerdem werden Sie möglicherweise eine Art mystisches Gefühl empfinden. All dies läßt Sie besonders aktiv werden. Dem sollten Sie auch nachgeben, denn im Augenblick steht Ihnen sehr viel Energie zur Verfügung. Diese will umgesetzt werden in Vorhaben, die Sie schon lange realisieren wollten. Gehen Sie jetzt die Dinge aktiv an. Sie haben wahrscheinlich schon lange und gründlich darüber nachgedacht und die Fehlerquellen bereits lokalisiert. Niemand verlangt, daß Sie etwas dem Zufall überlassen.

Einzig im Umgang mit anderen müssen Sie Vorsicht walten lassen, denn hier könnte Sie die Hohepriesterin dazu verführen, plappernderweise auf den Füßen anderer herumzutrampeln, ohne es selbst zu merken. Und das entspräche keinesfalls Ihren sensiblen Krebs-Vorstellungen vom Miteinander. Und während Ihre Umgebung in ihren Gefühlen verletzt wird, sind Sie bereits über alle Berge. Den Groll Ihrer Mitmenschen bekommen Sie erst Tage später zu spüren. Dies würde nur einen häßlichen Fleck auf diese energetisch so geladenen Tage bringen. Lassen Sie also den Triumphwagen nicht zu einem Streitwagen werden.

1. bis 6. Juni

Farbe: Ruhe und Entspannung beherrschen Ihren Tagesplan jetzt. **Silber oder Silberblau** ist der richtige farbliche Begleiter. Lassen Sie sich mit Hilfe dieser Farbe ins Reich des Unbewußten führen. Tragen Sie Silberschmuck, oder stellen Sie einen silbernen Kerzenleuchter auf. Umgeben Sie sich mit Silber. Lassen Sie seine sanfte Schwingung auf sich wirken.

Edler Stein: Der bläulich-weiße **Mondstein** kommt jetzt zum Einsatz. Der Mondstein hat einen ganz besonderen, eigenen Zauber, der ihn gänzlich von anderen Steinen unterscheidet. Wer bereits einen Mondstein getragen hat, weiß, man will sich nicht mehr von ihm trennen. Vielleicht liegt es daran, daß er eine unglaubliche Ruhe ausstrahlt, allerdings mit sehr viel Kraft. Erlauben Sie einem Mondstein, Sie zu verzaubern.

Pflanze: Ein Dampfbad mit frischem oder getrocknetem **Rosmarin**, und die Welt sieht gleich wieder anders aus. Das Bad wird Sie beruhigen und zugleich stimulieren. Ihre Hektik fällt ab, und übrig bleibt ein harmonischer, ausgeglichener Krebs.

Aroma: Wenn die Gefühle mal wieder nicht wissen, wo sie hin sollen, dann schaffen Sie mit **Jasminöl** Abhilfe. Echtes Jasminöl ist zwar teuer, dafür duftet es aber herrlich sahnig und blumig. Außerdem ist Jasminöl wie geschaffen dafür, den Berg- und Talfahrten Ihrer Gefühle einen Riegel vorzuschieben.

Die nächsten Tage stehen ganz unter dem Zeichen des Krebs. Gehen Sie diese Woche ruhig und gelassen an. Keine Hektik aufkommen lassen. Aktivieren Sie all Ihre Reserven. Erforschen Sie, was Sie in der nächsten Zeit angehen oder tun möchten. Nur belassen Sie es ruhig beim Andenken. Ausruhen wird jetzt keineswegs mit Faulheit gleichgesetzt. Kelche symbolisieren im Tarot generell die Seele, das Mystische. Lassen Sie jetzt also ruhig Ihr Innerstes zu sich sprechen. Gerade Sie als Krebs könnten für eine solche Zwiesprache sehr empfänglich sein. Mit Sicherheit gewinnen Sie viel Positives aus diesen Erfahrungen.

Aktivität braucht es nicht. Tun Sie etwas für Ihren Körper und vor allem für Ihre Seele. Es könnte sein, daß man gerade jetzt versuchen wird, Sie mit Verlockungen von außen aus dieser Ruhe zu reißen. Doch gestatten Sie sich ruhig den Luxus, auch einmal »nein« zu Ihren Verpflichtungen zu sagen. Betrachten Sie die Figur auf der Karte 4 der Kelche. Drei Kelche stehen vor ihr, ein weiterer wird ihr gereicht. Sie aber lehnt ab. Sie haben bereits viel erreicht (die drei Kelche).

Die HOHEPRIESTERIN

Sie müssen jetzt nicht wahllos annehmen, was Ihnen gereicht wird. Überdenken Sie alles in Ruhe. Greifen Sie dann zu, sobald Sie es wirklich möchten.
Entspannen Sie mit einem Schaumbad, machen Sie einen Mondspaziergang, gestatten Sie sich sogar einige Tagträume – diese Woche ist geradezu ideal dafür. Auch der beste Krebs muß einmal entspannen.
Die Geheimnisse des Lebens, das Verborgene unseres Daseins wollen von Ihnen entdeckt werden – die Hohepriesterin lädt Sie ein, hinter den Vorhang zu sehen. Die Hohepriesterin präsentiert sich Ihnen in ihrer vollen Lichtseite. Sie läßt Sie tiefe Erkenntnisse im seelischen Bereich gewinnen, falls Sie dies zulassen und sich entspannt der Seelenmassage hingeben.
Hören Sie auf Ihre innere Stimme. Lauschen Sie Ihrer Intuition – Sie werden sehr viel Neues entdecken.

7. bis 13. Juni

Farbe

In der Farbe **Indigo** ist die blaue Farbschwingung enthalten. Diese kühlt und beruhigt. Durch die dunkle Intensität verleiht Indigo aber zusätzlich noch intuitives Wissen. Die Farbe kann Ihnen dabei helfen, sich so zu entfalten, wie Sie es wirklich möchten. Ganz ohne Zwang. Dies führt natürlich zu noch mehr Wohlgefühl. Dadurch wird auch das Selbstvertrauen gestärkt. Entzünden Sie daheim eine indigofarbene Schwimmkerze und träumen dabei ein wenig. Achten Sie darauf, niemals zu spät am Abend diese Farbe zu genießen. Sie könnte Ihnen ungeahnte Träume bescheren.

Edler Stein

Der **schwarze Onyx** gilt in manchen Kulturen als Unglücksstein, da er dem klassischen Unglücksplaneten Saturn zugeordnet wird. Doch Ihnen wird der Onyx nun tatkräftig zur Seite stehen und Ihr Wissen um sich selbst kräftigen und stärken. Sie werden so der Beherrscher Ihrer eigenen Welt. Tragen Sie jetzt nicht gleich eine ganze Kette aus Onyx, denn seine Kräfte sind sehr groß, Sie könnten im Moment überfordert werden. Tragen Sie ihn besser als Ring gefaßt oder als Handschmeichler in der Tasche.

Pflanze

Die **Mistel** ist eine heilige Pflanze. Sie gilt weit über unseren Kulturraum hinaus als magische Wunderbringerin. Die Mistel kann Sie beschützen und Ihnen das nötige Selbstvertrauen geben. Gerade in dieser Zeit blüht die Eichelmistel – halten Sie Ausschau nach Eichen oder Kastanien, denn man kann kaum Misteln auf dem Wochenmarkt oder im Blumenladen erstehen. Da es sehr schwierig ist, bei uns Misteln im Handel zu bekommen, können Sie auch auf ein Bild der Mistel zurückgreifen, um es ab und an zu betrachten. Allein ihr Anblick kann Ihnen viele Einblicke gewähren.

Aroma

Der aromatische Duft der **Zypresse** wird Sie jetzt kräftigen und stärken. Ihren Willen können Sie genau auf Ihr Ziel ausrichten. Außerdem erkennen Sie mit Hilfe dieses holzigen, extravaganten Duftes genau, welche Dinge im Leben nun Ihre Aufmerksamkeit erfordern und welche nicht.

Jetzt geht es um größere Dinge. Es geht um Ihre Welt. Die Karten zeigen sich sehr wohlgesonnen. Sie kommen in den seltenen Genuß, wirklich das tun zu können, was Ihnen schon lange vorschwebt. Hierbei handelt es sich allerdings nicht um Kleinigkeiten. Sie sollen einen Ausgleich schaffen zwischen Ihren Wünschen und Hoffnungen und den Dingen, die Sie bereits auf den Weg gebracht haben. Denn vor allem wünschen Sie sich jetzt verstärkt Sicherheit und das Gefühl, etwas von Bestand in Ihrem Leben geschaffen zu haben. Krebse sind die sogenannten »Nestbauer« im Tierkreis. Vielleicht verspüren Sie jetzt in sich ganz deutlich den Wunsch, Ihr Leben mehr zu Ihrem »Nest« werden zu lassen. Manche Dinge, die Sie stören, wollen Sie vielleicht entfernen oder gewünschte Dinge in Ihr Leben holen. Geben Sie dann Ihrem Krebs-Schaffensdrang nach, setzen Sie Ihre Krebs-Phantasie ein. Sie können jetzt sehr viel auf die Beine stellen.

Die WELT

Betrachten Sie die Weltentänzerin. In völliger Harmonie schwebt sie in der Mitte der Karte. Sie hält in beiden Händen einen Stab. Sie hat den Ausgleich zwischen Hoffen und Tun bereits geschafft. Tun Sie es ihr gleich.

Haben sich diese existentiellen Fundamente noch nicht eingestellt, dann spüren Sie gerade jetzt, daß Sie etwas dafür tun möchten, um sich eine Basis für Ihre weitere Zukunft zu schaffen. Die Zeit dafür ist hervorragend, denn augenblicklich funktioniert Ihr logischer wie analytischer Verstand sehr präzise. Sie entdecken mögliche Fehlerquellen Ihrer bisherigen Fehlschläge und gewinnen durch geordnetes Handeln nun auch das Vertrauen Ihrer Vorgesetzten. Die könnten Sie gerade jetzt in gehobenere Positionen befördern.

Schreiten Sie dann zur 3 der Münzen. Der Künstler auf der Karte muß keine Schwerstarbeit mehr leisten. Er verziert und verschönert. Das ist der nächste Schritt. Streichen Sie jene Dinge in Ihrem Leben, die Sie zwar tun, aber eigentlich gar nicht haben wollen. Hören Sie sich in aller Ruhe Vorschläge Ihrer Mitmenschen an – wie der Dombauer auf der Karte. Aber verarbeiten Sie davon nur das, was Ihnen wirklich gefällt. Sie sind zur Zeit Herr der Lage. Und damit auch der Architekt Ihres eigenen Lebens.

14. bis 20. Juni

Farbe

In diesen Tagen ist **Gelb** von höchster Bedeutung. Tragen Sie ein gelbes Tuch bei sich, oder visualisieren Sie vielleicht mehrmals im Laufe eines Tages ein strahlendes Gelb. Diese Farbe leitet Sie auf den Weg des Magiers. Die Farbschwingung ermöglicht es Ihnen, schöpferisch aktiv zu sein. Sie wird Ihnen jegliche Denkarbeit erleichtern und Ihr Interesse an neuen Ideen und Aufgaben wecken. Dabei klärt Gelb Ihren Verstand und fördert Ihr intellektuelles Wissen.

Vielleicht hilft es Ihnen auch, eine gelb strahlende Sonne oder Sonnenblume auf ein kleines Blatt Papier zu malen. Stecken Sie dieses Bild in den Rahmen Ihres Spiegels, oder stellen Sie es auf den Nachttisch. So können Sie immer wieder voller Freude darauf blicken und sozusagen im Vorbeigehen Energie tanken.

Edler Stein

Das prächtige **Tigerauge** mit seiner goldbraunen Färbung sollten Sie nun bei sich tragen. Dieser nach alter Überlieferung magische Stein soll hellsichtige Fähigkeiten in seinem Träger wecken. Auch wenn diese Wirkung nicht ganz eintreffen sollte, so wirkt er auf Ihr geistiges Potential, das Sie in dieser Woche bestmöglich einsetzen sollten. Lassen Sie die Macht des Tigerauges auf sich übergehen. Bewirken Sie mit seiner Hilfe den positiven Verlauf des Geschehens.

Pflanze

Traditionell reinigt **Majoran** das Haupt und »stärkt das Gehör« - beides ist von großer Bedeutung für Sie in der kommenden Zeit. Sie müssen Ihr Denken und auch Ihre Ohren einsetzen, um zu Ihren gewünschten Zielen zu gelangen. Da Majoran zur Gruppe der Origanum-Pflanzen gehört, müssen Sie sich also nicht unbedingt einen Tee davon aufbrühen, sondern können sich auch eine schmackhafte italienische Sauce zubereiten. Während Sie diese genießen, nehmen Sie die Wirkung des Majoran in sich auf und schmieden neue Pläne.

Aroma

Jetzt ist es an der Zeit, klärenden und reinigenden **Limonenduft** zu benutzen. Alle Zitrusfrüchte stärken das Konzentrationsvermögen und mobilisieren die kleinen grauen Zellen. Gerade die sollten Sie in den nächsten Tagen verstärkt einsetzen. Also muntern Sie sich mit erfrischendem Limonenduft auf.

In diesen Junitagen sollten Sie sich gleich mit drei Tarotkarten und deren Aussagen auseinandersetzen. Ob diese ihre negative oder positive Seite für Sie bereithalten, hängt ganz von Ihnen allein ab. Ein äußerst seltener Fall, doch bietet er Ihnen die größtmögliche Chance, wirklich Herr der Lage zu sein. Ihre Voraussetzungen sind die allerbesten. Betrachten Sie den Magier genauer – er hat alle Symbole der Tarotsätze vor sich liegen: Schwerter, Münzen, Kelche und Stäbe. Er kann je nach Situation das Geforderte einsetzen und ist sich dessen bewußt, wie er auch durch seine Haltung symbolisiert. Sein Unterbewußtsein spielt dabei keine Rolle. Der Geist und der Intellekt sind gefragt.

Der MAGIER

Der Magier kündigt eine neue Phase in Ihrem Leben an. Auslöser könnte ein Brief, ein Telefonat oder ein persönliches Gespräch sein. Es liegt nur an Ihnen, die Informationen zu Ihren Gunsten zu nutzen. Verhalten Sie sich dabei wie der Magier, verbinden Sie die Gegensätze. Seien Sie sich Ihrer schöpferischen Fähigkeiten bewußt! Richten Sie Ihren Willen zielstrebig in eine bestimmte Richtung, dann können Sie jetzt mehr erreichen und bekommen, als Sie sich vielleicht sogar vorstellen könnten. Phantasie ist bei Ihnen als Krebs wahrscheinlich ohnehin bestens ausgeprägt. Verbinden Sie diese jetzt mit Ihrem klaren, analytischen Verstand, und gehen Sie die Dinge einfach an.

Die LIEBENDEN

Hilfreich steht Ihnen dabei vor allem auch der Eremit zur Seite. Wissen Sie nicht, wie Sie die gewonnenen Informationen nutzen können oder sollen, dann ziehen Sie sich ganz einfach ein wenig zurück und beleuchten die Angelegenheit von allen Seiten, wie der Eremit es tut. Eine Lösung

Der EREMIT

kann sich dann sehr schnell finden. Nur dürfen Sie dann nicht erschrecken und sich in einen Einsiedlerkrebs verwandeln. Zeigt sich die Lösung, dann müssen Sie auch handeln.

Die Liebenden weisen hier auf einen verborgenen Aspekt hin: Manchmal ist es an der Zeit, Abschied zu nehmen und auf das Leben zuzugehen. Die »Liebenden« des Tarot deuten nicht immer und unbedingt auf eine Liebesbeziehung hin, sondern stehen für vielerlei Aspekte und Facetten, wie Sie hier sehen.

21. bis 30. Juni

Farbe

Meiden Sie jetzt unbedingt die Farbe Rot. Ihr Gefühlsleben ist etwas in Aufruhr. Gerade Rot könnte Sie im Moment zu Ausbrüchen verleiten, deren Folgen nicht gerade angenehm sind. Greifen Sie jetzt statt dessen zu **Grün**. Tragen Sie immer ein grünes Tuch bei sich. Lassen Sie abends Ihre Wohnung in grünem Licht erstrahlen. Eine grüne Glühbirne wirkt wahre Wunder in diesen Tagen. Die grüne Schwingung gibt Ihnen das nötige Gleichgewicht zurück und verhilft Ihnen zu mehr Harmonie und Frieden in Ihrem inneren Ich.

Edler Stein

Der **Karneol** hilft gegen alle heftigen Gefühlsregungen. Er vertreibt vor allem Zorn. Außerdem schützt er seinen Träger vor Flüchtigkeitsfehlern, übereilten Reaktionen und auch Unfällen, die durch Emotionen verursacht wurden. Genau diesen Stein sollten Sie in den nächsten Tagen immer bei sich tragen. Lassen Sie ihn immer wieder durch Ihre Finger gleiten. Er wird Sie beruhigen und Ihnen Ihre innere Stabilität zurückgeben.

Pflanze

Einige Tassen Tee mit einem Zweig **Thymian** sollten Sie sich jetzt auf alle Fälle gönnen. Diese würzige Pflanze beruhigt Ihre Nerven und schafft einen inneren Ausgleich, den Sie dringend benötigen. Würzen Sie auch bevorzugt Ihre Speisen in den nächsten Tagen mit Thymian. Vermeiden Sie rote Saucen, welche die gegenteilige Wirkung hervorrufen könnten. Keine mexikanischen Saucen, die zwar gerade durch Thymian so herrlich würzig und schmackhaft werden, doch scharf und zumeist rot sind.

Aroma

Das Wunderheilmittel **Ylang-Ylang** vertreibt Wut, Aggression, Hysterie und Reizbarkeit. Stimmungsschwankungen werden aufgelöst, und Sie können zu Ihrer inneren Harmonie zurückfinden. Dosieren Sie nicht zu hoch, dann kann Ihnen dieser intensive Duft die kommenden, stressigen Tage versüßen oder vielleicht sogar völlig streßfrei machen.

Ihr Seelenfrieden ist in Gefahr. Sie fühlen sich innerlich derart angespannt und unruhig, daß es kein Wunder ist, wenn die Karte des Turmes mit Intensität in Ihr Leben tritt. Streit und Auseinandersetzungen symbolisiert diese Karte unter anderem. Wertvorstellungen können mit einer blitzartigen Erkenntnis verändert und ins Gegenteil verkehrt werden.

Der HERRSCHER

Ihre Umgebung reagiert im Augenblick gereizt auf Sie, dies könnte daran liegen, daß Sie zur Zeit nicht den souveränen Be-Herrscher Ihrer Gefühle und Taten repräsentieren. Sie neigen durchaus zu unüberlegten, voreiligen Handlungen. Eine völlig verborgene Seite. Gerade jetzt kann es aber auch passieren, daß Sie ungerecht urteilen und aufgrund Ihrer inneren Unzufriedenheit Ihre Umgebung in empfindliche Mitleidenschaft ziehen.

Der TURM

Versuchen Sie in dieser Woche, auch wenn es schwerfällt, sich immer wieder den Herrscher in seiner Lichtseite vorzustellen. Gerecht ist sein Urteil, und er handelt angemessen, nicht mit übertriebener Strenge oder Härte, und er kann eigene Fehler zugeben. Hier liegt eine der Fußangeln für einen Krebs verborgen. Da Sie ein derart reiches Gefühlsleben haben, versuchen Sie dieses natürlich auch zu schützen. Dies gelingt Ihnen mit Ihrem klaren, logischen Verstand. Doch gerade dann, wenn zu viele Gefühle nach draußen drängen, versuchen Sie noch emotionsloser zu denken. Und das kann Sie unter Umständen sehr kalt und auch hart machen. Und dann könnte es zu etwas unschönen Auseinandersetzungen kommen, die Ihnen als Krebs eigentlich überhaupt nicht liegen.

Dies heißt natürlich auch, daß Sie sich ungerechtfertige Angriffe auf Ihre Person nicht gefallen lassen müssen. Doch überdenken Sie vorher ganz genau, ob die Kritik wirklich ungerechtfertigt war. Sonst könnte der Turm in diesen Tagen immer wieder empfindlich in Ihr Leben treten und Sie mehr als einmal in Ihren Fundamenten erschüttern. Sehen Sie den Turm aber auch als Chance, manche Wertvorstellungen zu ändern, falls sie nicht mehr angemessen oder richtig erscheinen.

Wegen Ihrer inneren Anspannung sollten Sie gegenwärtig auch sehr vorsichtig sein im Straßenverkehr und bei sportlichen Betätigungen. Ihr unausgeglichener Seelenzustand läßt Sie fahrig und damit auch unfallgefährdet werden.

1. bis 11. Juli

Farbe

Greifen Sie nun zu **Gold**. Selbst wenn Sie sonst keinerlei Goldschmuck tragen sollten, springen Sie über Ihren Schatten, und legen Sie wenigstens einen schmalen Goldring oder eine kleine Goldkette an. Das warme Edelmetall mit der höchsten Schwingung zeigt Ihnen den Weg in Ihre Zukunft. Gold ist der Sonne geweiht, die Alchimisten versuchten, das »menschliche Gold« im Labor herzustellen. Sie kommen nun in eine Phase, die Sie auf einen ähnlichen Weg des Suchens führen wird. Darum sollten Sie sich mit dem edlen Metall umgeben, es fühlen, immer wieder berühren, sich leiten lassen.

Edler Stein

Die »magischen Wahrsagekugeln« früherer Zeiten wurden aus **Bergkristall** gefertigt. Seit alters her waren die Menschen der Überzeugung, dieser Stein könne mit seiner Klarheit auch Licht ins Dunkel der Zukunft bringen. Vielleicht können Sie nicht gerade Zukunftsdeutungen daraus lesen. Dieser alte, heilige Stein verhilft aber tatsächlich zur Klarheit der Gedanken. Da die nächsten Tage sehr wichtig sind, ist gerade jetzt ein Bergkristall der ideale Stein. Er baut starke Energiefelder auf, die uns reinigen, stärken und sehr harmonisch werden lassen. Ein wirklich magischer Stein, der außerdem auch noch dem Löwen zugeordnet ist.

Pflanze

Sonnenblumen können Ihnen die kommenden Tage herrlich »vergolden«. Diese fröhlichen Pflanzen drehen und wenden ihr Köpfchen immer in die Richtung, aus der die Sonne kommt. Und haben Sie eine Sonnenblume im Zimmer stehen, holen Sie sich im wahrsten Sinne des Wortes die Sonne nach Hause.

Aroma

Moschus oder Amber – diese beiden schweren, sinnlichen Düfte entführen Sie in einen Tunnel der Freude und Sinnenlust, denn beide Duftnoten wirken anregend und stimulierend. Begleitet von den beiden können Sie neue Pläne schmieden. Lassen Sie sich leiten in eine neu gestaltete Zukunft.

Die nächsten Tage können zukunftsweisend sein. Darum sollten Sie beide Tarotkarten annehmen, denn sie zeigen sich von ihrer allerbesten Seite. Die Kraft rät Ihnen, nicht zu viele Kräfte zu verbrauchen, indem Sie Ihre hochkommenden Emotionen (der Löwe) immer wieder unter Kontrolle bringen möchten. Im Gegenteil – diese Emotionen sind nun entscheidend, möglicherweise für das gesamte kommende Jahr. Wichtig ist, daß Sie alles annehmen, was aus Ihrem Unterbewußtsein hochsteigt und an die Oberfläche spült. Darunter können entscheidende Hinweise sein, wie Sie Ihren weiteren Lebensweg gehen möchten. Gefühlsbetonte Krebse haben häufig mit ihren vielen Gefühlen zu kämpfen. Nicht alle Gefühle sollen zur gleichen Zeit hochkommen. Doch die nächsten Tage könnten sich zu Ihrer Glückswoche entwickeln. Lassen Sie jetzt alle Emotionen auf einmal frei fließen. Ein seltenes, herrliches Gefühl. Reagieren Sie spontan und frei, lassen Sie Ihre Lebensimpulse aus Ihrer Mitte kommen. Falls Sie jetzt ein wenig freier reagieren, dann können Sie sich nach Lust und Laune entfalten. Betrachten Sie einmal das kleine unschuldige Kind auf der Karte der »Sonne«! Frei und ungehemmt, mit der Fahne des Lebens in der Hand, läßt es die alten Mauern hinter sich und reitet befreit in den Garten der eigenen Seele. Tun Sie es diesem Kind gleich, werden Sie vollkommen spontan. So können Sie in den nächsten Tagen möglicherweise auch Projekte beginnen, die in der kommenden Zeit viel abwerfen werden.

12. bis 18. Juli

Farbe

Mit **Silber oder Silberblau** können Sie die schönen Stunden der vergangenen Woche noch länger für sich nutzen. Diese Woche eignet sich hervorragend für Aktivitäten, die Sie Ihrem gesteckten Ziel näherbringen. Dafür brauchen Sie die kühlende Wirkung des Silbers. Sonst könnten Sie derart über das Ziel hinausschießen, daß Sie dabei andere Menschen vor den Kopf stoßen. Entzünden Sie daheim eine silberne Kerze. Sie wird Ihre erregten Nerven etwas kühlen. Sie können dann Ihren Verstand so einsetzen, wie es Ihre innere Stimme von Ihnen verlangt.

Edler Stein

Eine **Perle** bietet in dieser Woche wertvolle Hilfe und Unterstützung. Wenn Sie ihre glatte, silbern schimmernde Oberfläche in Ihren Händen spüren, werden die Kräfte dieses wertvollen »Edelsteins« auf Sie ausstrahlen und Ihre Lebenskraft erhöhen. Die Perle wird auch dem Kehlkopf-Chakra zugeordnet. Gerade dieses sollten Sie in der nächsten Woche ein wenig unter Kontrolle halten, denn die Karten können Sie nun auch zu gedankenlosen Plaudereien verleiten. Die Perle wird Ihnen helfen, nicht voreilig loszupreschen, sondern mit Bedacht und ohne Druck die nächsten Tage zu genießen.

Pflanze

Der **Rosmarin** gehört zu den meistverbreitetsten Heil-, aber auch Zauberpflanzen. Geschätzt wird Rosmarin vor allem wegen seiner reinigenden und befreienden Kraft. Genau diese Kraft benötigen Sie in den nächsten Tagen. Genießen Sie also diese Tage mit einer selbstgebrühten Tasse Rosmarintee. Lauschen Sie dabei Ihrer inneren Stimme, die Sie zu neuen Taten drängen wird. Sie können diese mit Hilfe des Rosmarins schwungvoll, aber auch gelassen angehen.

Aroma

Weihrauch ist gerade jetzt eine Entscheidungshilfe. Seine reinigende Wirkung verführt nicht nur in das Reich der Sinne, sondern läßt die Dinge auch in klarem Licht erscheinen. Außerdem ist die Räucherung mit Weihrauch ein uraltes Ritual. Magie und Rituale gehören zwar mehr in den Bereich der Skorpione, doch Sie als Krebs lassen sich bestimmt auch durch Weihrauch und seinen alten Zauber fesseln.

Jetzt werden Sie aufgefordert, etwas zu tun, aber nichts, was Sie nicht vorher schon überdacht hätten.

Der Wagen fordert Sie auf, aktiv zu werden. Ihre ganzen Energien mobilisieren sich gerade und wollen handeln. Geben Sie Ihrem Drang nach Aktivität unbesorgt nach. Ihre innere Stimme ist hörbar, doch möchte sie lediglich auf Dinge aufmerksam machen, die Sie bereits angedacht haben. Pläne zu schmieden gehört zu den Lieblingsbeschäftigungen der Krebse. Daher kann es gut sein, daß Sie in Ihrem tiefsten Inneren einen dieser Pläne ausgegraben haben und nun in die Tat umsetzen wollen.

Eine günstige Gelegenheit, diese Vorhaben in die Tat umzusetzen, da sich die Karte von ihrer Lichtseite zeigt. Sie läßt diese Wünsche in Ihnen stärker werden. Der Wagen wird dadurch zu Aktivität angespornt und läßt Sie konsequent handeln. Geführt von Ihrer inneren Stimme, warten Ideen und Vorhaben geradezu darauf, zu diesem Zeitpunkt in die Tat umgesetzt zu werden. Ihr Herz und Ihr Verstand (die beiden Sphinxe des Wagens) streben gegenwärtig in eine gemeinsame Richtung. Es wird Sie keinerlei Gefühl der inneren Zerrissenheit beschleichen. Sie können den Wagen zu einem Triumphwagen werden lassen.

Auf alle Fälle kommen jetzt Tage, in denen Ihnen sehr vieles gelingen kann, sobald Sie nur wollen. Wichtig ist dabei, nicht nur über manche Dinge nachzudenken, sondern auch entsprechend zu handeln! Im Augenblick steht Ihnen sehr viel Energie zur Verfügung, die umgesetzt werden möchte in Vorhaben, die Sie schon immer realisieren wollten.

19. bis 25. Juli

Farbe

Jetzt kommen nochmals »silberblaue Tage« für Sie. **Silber oder Silberblau** bringt Ihnen für die nächste Zeit sehr viel Ruhe und Entspannung. Keine bedeutenden Probleme müssen gelöst, keine nervenaufreibenden Aktivitäten unternommen werden. Tragen Sie ein Silberkettchen oder einen Silberring. Befühlen Sie das kühle Edelmetall, lassen Sie es auf sich wirken, und Ihre Nerven werden sich wunderbar beruhigen.

Edler Stein

Möchten Sie die angebotene Ruhe genießen, greifen Sie zu einer **Perle**. Die »Tränen der Engel« wirken reinigend und gewähren Ihnen Schutz. Sie wollen sich in den nächsten Tagen möglicherweise von Streß und auftretenden Spannungen befreien. Nehmen Sie die Hilfe einer Perle an, lassen Sie ihre glatte, sanfte Oberfläche durch Ihre Finger gleiten, und entdecken Sie die Magie der Perle.

Pflanze

Rosmarin – diese wunderwirkende Pflanze – kann Sie auf den Weg führen, zur Ruhe zu kommen. Es muß nicht immer ein Vollbad sein – Sie können sich die wohltuende Wirkung des Rosmarins auch anders gönnen: Bereiten Sie sich ein schmackhaftes Essen mit frischem Rosmarin zu. Nehmen Sie den Rosmarin Stück für Stück bewußt in sich auf. Er wird Ihre Energien mobilisieren!

Aroma

Der schwüle Duft von **Jasminöl** versüßt Ihnen die Lust an mehr Ruhe. Ein bis zwei Tropfen reines Jasminöl in der Duftlampe reichen bereits aus, ohne Angst und Depression zur Ruhe zu kommen. Ihre Kräfte werden trotzdem gestärkt.

Jetzt werden Sie von der Hohepriesterin eingeladen, ihr Reich zu betreten. Es liegt an Ihnen, ob Sie das Angebot annehmen wollen oder nicht. Das heißt, wenn Sie nicht mehr hin- und hergerissen sein wollen zwischen Müssen und Wollen, Bewußtsein und Unterbewußtsein, Herz und Verstand. Jetzt ist eine gute Gelegenheit, diese innere Zerrissenheit wieder auszugleichen. Die Hohepriesterin ist traditionell dem Krebs zugeordnet. Es ist Ihre ureigene Karte. Versteht sich von selbst, daß gerade Sie besonders empfänglich sind für diese wunderschönen Stunden, die Sie jetzt mit Hilfe der Hohepriesterin bekommen können.

Betrachten Sie die Hohepriesterin: Ohne Anspannung, ohne Muß sitzt sie auf ihrem Thron und bewacht die Wasser des Unterbewußtseins, verborgen hinter einem Schleier. Sie können eintauchen in dieses Unterbewußte und genußvolle Stunden seelischer Entspannung genießen. Alles, was Sie dafür tun müssen, ist, sich nicht ablenken, nicht durcheinanderbringen zu lassen, falls Ihre Umgebung zu sehr auf Sie einstürmt.

Gönnen Sie sich jetzt Ihr Lieblingsessen! Machen Sie es sich in Ihrer Wohnung bequem! Umgeben Sie sich mit all den schönen, gemütlichen Dingen, die Ihr Krebs-Herz höher schlagen lassen. Genießen Sie ganz einfach Ihr »Nest«.

Dies ist auch eine günstige Gelegenheit, eventuelle Mißklänge mit Ihren Lieben zu beseitigen.

26. bis 31. Juli

Farbe

In dieser Woche beginnt eine Phase, in der Sie sich vor zu vorschnellen Entscheidungen hüten müssen. Damit Sie einen Ausgleich schaffen zwischen Ihren überströmenden Energien, Ihren Wünschen und Hoffnungen und Ihren tatsächlichen Bedürfnissen, sollten Sie zur Farbe Rotbraun greifen. **Terrakotta** symbolisiert Mut durch die roten Schwingung, zugleich aber Erdverbundenheit und Rückbesinnung auf unsere Wurzeln durch die braune Schwingung. Terrakotta gilt auch als eine Abstufung von Orange, das für Selbstbewußtsein steht. Dieses aus dem Orange entwickelte Gefühl können Sie nun dafür einsetzen, im Rahmen der rotbraunen Farbschwingung alle Aspekte zu prüfen, bevor Sie handeln. Beobachten Sie jetzt auch verstärkt die Natur, beobachten Sie das Werden und Vergehen. Terrakottatöpfe passen übrigens genau in Ihr Ambiente zum jetzigen Zeitpunkt. Die Auswirkung der Karten hält diesmal etwas länger als nur ein paar Tage an. Die direkte Berührung mit dem Material Ton erleichtert Ihnen den Zugang zu sich und Ihren wirklichen Wünschen.

Edler Stein

Der **Granat** gehört zu den mystischsten Steinen überhaupt. Er soll seinen Träger vor Enttäuschungen schützen. Wenn Sie also in der nächsten Zeit einen Granat Ihre Wege begleiten lassen, werden Sie viele Zukunftsängste verlieren. Mit seiner Hilfe schaffen Sie die Basis für einen Umbruch ohne Enttäuschungen.

Pflanze

Ingwer kräftigt und stärkt. Würzen Sie eine Speise mit Ingwer. Nehmen Sie die Kräfte dieser Heilpflanze in sich auf, sie wird Sie auf anstehende Änderungen vorbereiten, die durchgeführt werden müssen.

Aroma

Der erdige, schwere Duft von **Patchouli** wirkt beruhigend auf Ihre Sinne. Sollten Ängste in Ihnen hochsteigen, ob Sie den Schritt in die Zukunft wagen sollen, dann gleicht Patchouli aus. Außerdem wirkt dieses Aroma so anregend, daß Sie Pläne schmieden können, ohne von besagten Ängsten heimgesucht zu werden. Achten Sie auf die Dosis, maximal 5 Tropfen in das Duftlämpchen, sonst könnten Sie unter Schlafstörungen zu leiden haben.

Keine Sorge – die Todeskarte zeigt nicht Ihren physischen Tod an. Vielmehr spricht sie vom ewigen Leben und Sterben, vom Werden und Vergehen in der Natur. »Etwas muß sterben, damit etwas anderes leben kann« – davon erzählt diese Karte.

Dennoch ist und bleibt es eine radikale Aussage. Manchmal braucht man im Leben einen Umbruch, um Positives zu bewirken. Die Todeskarte zeigt also die Dualität unseres Daseins – Gutes wie Schlechtes, Positives und Negatives liegen nah beieinander und brauchen einander.

Doch die Karten warnen Sie auch. Die Todeskarte spricht von einer radikalen Haltung Ihrerseits. Der Tod möchte Sie warnen, zu sehr auf Ihrer radikalen und schnellen Entscheidung zu beharren. Sie verhalten sich zur Zeit bei einer Angelegenheit, in der Sie Ihre Vorstellung durchsetzen möchten, nach dem »Entweder-oder«-Prinzip. Tatsächlich neigen Krebse zu dieser Haltung. Das passiert meist genau dann, wenn sie etwas zu lange über einer Sache gebrütet haben, die dann zeitlich fast nicht mehr zu bewältigen ist.

In dem Moment kann es geschehen, daß sich Krebse plötzlich auf eine einzige Lösung versteifen.

Doch wenn Sie in sich gehen, werden Sie merken, daß die einzige Lösung, die Ihnen vorschwebt, in Wahrheit eben nicht die einzige ist. Auf alle Fälle ist das eine Lösung, die nicht Ihren Vorstellungen entspricht. Ihnen liegt eigentlich nur an einer Entscheidung, die endlich gefällt werden soll. Doch sollten Sie sich dabei fragen, wie eine derartige Entscheidung aussehen soll, damit sie sich nicht gegen Ihre eigenen Interessen richtet.

Betrachten Sie in dieser Situation auch die Karte des Gerichts. Diese spricht nicht von herkömmlicher Gerichtsbarkeit. Sie zeigt vielmehr unseren innersten Ruf an, der sehr stark werden kann, falls wir unseren eigenen Hoffnungen nicht folgen wollen. Lauschen Sie Ihrer innersten Stimme. Folgen Sie dann ihrem Ruf. Sie werden es nicht bereuen.

Versteifen Sie sich also nicht darauf, eine Entscheidung übers Knie zu brechen. Suchen Sie erst nach anderen möglichen Lösungen. Erkennen Sie auch, daß Ihre radikale Haltung aus Angst resultiert. Doch Ängste sind nicht die besten Ratgeber. Fragen Sie sich selbst, was Sie wirklich möchten. Denken Sie nicht an Dinge, die Sie vermeiden oder umgehen möchten, so werden Sie Ihr wahres Ziel wieder besser vor Augen haben.

1. bis 8. August

Farbe

Rot – die Farbe der Macht und Energie – steht Ihnen gleich zu Beginn des August gut. Ihr Selbstbewußtsein ist gestärkt, Ihre Vitalität gesteigert. Tragen Sie etwas rote Kleidung, oder entzünden Sie abends daheim eine rote Kerze. Lassen Sie sich von ihrer Farbe inspirieren, und verspüren Sie die natürliche Souveränität, die diese Farbe aussenden kann. Gerade bei Rot sollte man jedoch immer darauf achten, nicht zuviel des Guten zu tun. Zu viel Rot bewirkt Aggressionen im eigenen Ich oder daß man diese auch auf sich zieht. Das wäre wirklich nicht nötig in dieser Woche.

Edler Stein

Der **Hämatit oder Blutstein** galt schon in alten Zeiten als Glücksstein. Der Blutstein vermag Ihnen aber gerade jetzt gute Dienste zu leisten. Erfolge stellen sich ein und wollen gefeiert werden. Der Hämatit macht Sie erdbezogen. Er verbindet Sie für Augenblicke mit dem irdischen Dasein, dem Sie als Krebs gern in tiefere Gewässer entrinnen wollen. Um mehr von Ihrer erfolgreichen Aura zu haben, sollten Sie zur Zeit einen Hämatit bei sich tragen.

Pflanze

Gönnen Sie sich in dieser erfolgreichen Zeit eine wunderschöne **Rose**. Die Königin der Blumen schenkt Ihnen mit ihrem Duft betörende Stunden.

Aroma

Myrrhe war in alter Zeit so kostbar wie Gold. Kein Wunder, denn die Pflanze mit dem harzigen Duft liefert auch ein Öl, das große Kräfte in uns weckt. Vielleicht stellen Sie sich ein paar Duftbällchen mit Myrrhe her? Beträufeln Sie Wattebäusche mit ein paar Tropfen Öl! Verteilen Sie diese an exponierten Stellen in Ihrer Wohnung.

Die Karten zeigen sich jetzt von ihrer besten Seite. Betrachten Sie zuerst die 4 der Stäbe. Die Menschen feiern ein Fest. Und sie verlassen die strengen Mauern der Burg. Sie lassen damit Zwänge in jeder Form hinter sich. Als Krebs möchten Sie das fließende Leben. Auf Einengungen jeder Art reagieren Sie empfindlich. Diese Woche verspricht eine typische Krebs-Woche zu werden. Nun können Sie viele Formen der Beengung abschütteln. Stäbe bedeuten im Tarot generell einen Beginn. Hier beginnt eine sehr fruchtbare Phase. Sie können jetzt endlich die Früchte Ihrer getanen Arbeit genießen. Lassen Sie einengende Mauern hinter sich. Zeigen Sie sich gelassen und fröhlich dem Rest der Welt!

Sehen Sie nun zu der Karte 2 der Stäbe. Diese sollten Sie sich immer in den nächsten Tagen vergegenwärtigen. Die Person trägt eine kleine Welt in ihrer Hand. Das bedeutet: Sie halten bereits eine Welt in Händen. Sie haben schon etwas geschaffen. Das heißt, Sie müssen nicht unbedingt auf irgendwelche Rechte pochen. Benehmen Sie sich wie die Figur der 2 der Stäbe. Souverän blickt sie über ihr Reich.

Unter ihrem Mantel trägt sie ein orangefarbenes Kostüm. Und Orange ist die Farbe des Selbstbewußtseins. Nehmen Sie diese Haltung ein. So können Sie allen Herausforderungen des Lebens angemessen begegnen.

Tragen Sie dieses Selbstbewußtsein auch nach außen. Ihre Umgebung wird Ihnen mit Respekt begegnen und Ihre Ansprüche nicht verwehren.

9. bis 15. August

Farbe

Violett und Orange werden Ihre Farben in dieser Glückswoche. Die violette Schwingung steigert Ihre Chancen für eine echte Transformation. Und verhilft Ihnen zu Weisheit auf hoher Ebene. Die Farbe Orange liefert die unterstützende Spontaneität, den Mut und den Optimismus für bestimmte Unternehmungen, die nun zu einem Ende gebracht werden wollen. Sie könnten vielleicht auch dadurch Ihren Lebensweg finden.

Beide Farben zusammen halten sich gegenseitig die Waagschale. Allerdings kann ein »Zuviel« einer Farbe das Negative einer Farbschwingung hervorrufen. Damit der Ernst des Violett nicht in Trauer umschlägt, sollten Sie Orange immer zufügen. Umgekehrt sprengt zuviel Orange jegliche Konventionen. Violett wirkt dann als eine Art »Puffer«.

Edler Stein

Auch der zauberhafte **Aquamarin** präsentiert sich durch eine Mischung aus zwei Farben, Grün und Blau. Er vermag Ihre frohe Laune noch zu heben. Bereits in der mittelalterlichen Magie sprach man dem Aquamarin hohe Schutzkräfte zu: Er sollte Unglücksfälle abwehren sowie seinen Träger froh und glücklich stimmen. Aber er gilt auch als »Beschützer der Unschuld« – nichts anderes als ein unschuldiges, reines Wesen ist der Narr, eine Ihrer Karten in dieser Woche. Sollte im Moment ein wenig Angst in Ihnen hochkriechen wegen vieler neu erwachter Energien in Ihnen, befühlen Sie Ihren Aquamarin. Er vertreibt die Angst und weckt Ihre Abenteuerlust. Ein wunderbarer Begleiter in diesen schönen Zeiten.

Pflanze

Der harzige Duft der **Kiefer** läßt Ihren Geist in höhere Sphären aufsteigen, Sie können dadurch völlig neue Wege andenken. Übrigens reicht es bereits aus, sich auf einem Waldspaziergang gegen den Stamm einer Kiefer zu lehnen und ihre Kraft und Stärke in sich aufzunehmen.

Aroma

Genießen Sie den lang vorhaltenden Duft von **Sandelholz**. Schon ein paar Tropfen in der Duftlampe oder ein Schaumbad genügen. Mögliche auftretende Streßbeschwerden – verursacht durch viele Neuerungen – gehören im Nu der Vergangenheit an. Sandelholz wirkt auch gegen Egozentrik – der Narr neigt bisweilen dazu. In Ihrer augenblicklichen Hochphase sollte Sie ein egozentrischer Auftritt nicht am Beschreiten Ihres neuen Lebensweges hindern.

Jetzt stehen Ihnen die stärkste und die wohl schönste Karte des Tarot zur Seite.

Man darf den Narren des Tarot niemals mit einem Dummkopf verwechseln. Im Gegenteil, er ist der mächtigste Archetyp, der stärkste Geist dieser Karten. Vergleichen Sie ihn mit dem Joker in einem gewöhnlichen Kartenspiel – auch der Joker sprengt Trümpfe, hebt bei seinem Auftreten die Spielregeln auf. Er kann auftauchen und eingesetzt werden, wo immer er möchte. Nicht anders der Narr.

Der NARR

Der Narr symbolisiert häufig einen Übergang. Da, wo es uns schwerfällt, Althergebrachtes loszulassen, erscheint der Narr, zeigt uns mit seiner kindlichen Begeisterung und seinem ungestümen Wesen, wie viel wir vollbringen können, wenn wir es nur wagen.

Erfahrungen, Instinkte und Weisheit verbunden mit kindlicher Begeisterung und Neugier auf das zu entdeckende Neuland. All diese Dinge machen den Narren zur einflußreichsten Karte. Wunderschöne Voraussetzungen, wie Sie doch zugeben müssen. Und Sie als Krebs reagieren hervorragend

Der STERN

auf dieses Angebot. In jedem Krebs schlummert kindliche Begeisterungsfähigkeit sowie Weisheit, die aus Urerfahrungen resultiert. Da Krebse sehr empfindsame Seelen sind, wollen sie niemals den gleichen Fehler zweimal begehen. »Aus Erfahrung wird man klug«, ist bestimmt das Motto des Krebses. Und diese Spruchweisheit wird Ihnen jetzt zum Erfolg verhelfen.

Dinge, die Sie in der Vergangenheit vorbereitet haben, finden nun ihren Abschluß. Diese werden Sie aus Ihrer alten Welt herausführen – falls Sie sich trauen. Die Bedingungen zumindest sind günstig.

Hier tritt auch der Glücksstern auf den Plan. Der Stern zeigt Ihnen Ihren Lebensweg auf. Folgen Sie ihm, und finden Sie Ihr Glück. Finden Sie ein Gleichgewicht – auch davon spricht der Stern – zwischen Ihren Möglichkeiten und Ihren Freiheiten. Betrachten Sie die Sternenfrau, die mit Glückseligkeit Wasser zu Wasser sowie Wasser zu Erde gießt. Sie schafft damit das Gleichgewicht und läßt den kleinen Vogel im Baum des Lebens jubilieren.

Auch neue, unkonventionelle Ideen fallen jetzt auf fruchtbaren Boden. Ihr persönlicher Freiraum wird nicht eingeschränkt, jedoch Ihre gesellschaftlichen Möglichkeiten können sich in dieser Woche noch entsprechend vergrößern. Keine Angst, vertrauen Sie dem Narren in sich – Ihren eigenen Erfahrungen, eigenen Instinkten und Ihrer eigenen höheren Weisheit.

16. bis 22. August

Farbe

Indigo verwechselt man manchmal mit Schwarz. Auf den ersten Blick kann dies schon passieren. Diese intensive blaue Farbe ist so dunkel, daß sie erst durch bestimmten Lichteinfall ihre wahre Identität preisgibt. Diese Farbschwingung gibt Ihnen Selbstvertrauen. Dieses brauchen Sie besonders jetzt. Nun kommt eine Phase, in der Sie Ihr Leben stabilisieren können, sobald Sie ein wenig dafür eintreten. Indigo verleiht auch intuitives Wissen, ähnlich wie Blau. Dieses hilft Ihnen, sich positiver zu entfalten. Indigo stärkt Ihren Glauben an sich selbst.

Edler Stein

Der **schwarze Onyx** gilt in manchen Kulturkreisen als Unglücksstein. Doch Ihnen wird der Onyx im Moment tatkräftig zur Seite stehen. Er stärkt Ihr Wissen von sich selbst, so daß Sie der Beherrscher Ihrer eigenen Welt werden. Übertreiben Sie nicht, tragen Sie nicht gleich eine ganze Kette aus Onyx, denn seine Kräfte sind sehr groß und könnten Sie im Augenblick ein wenig überfordern. Tragen Sie ihn lieber als Ring gefaßt oder als Handschmeichler in der Tasche.

Pflanze

Die **Mistel** ist eine heilige Pflanze. Sie gilt weit über unseren Kulturraum hinaus als magische Wunderbringerin. Die Mistel ist nun äußerst wichtig für Sie, denn sie vermag Sie zu beschützen und Ihnen das nötige Selbstvertrauen zu geben. Da es sehr schwierig ist, bei uns Misteln im Handel zu bekommen, können Sie auch auf ein Bild der Mistel zurückgreifen, um es ab und an zu betrachten. Allein der Anblick kann Ihnen viele Einblicke gewähren.

Aroma

Der aromatische Duft der **Zypresse** wird Sie jetzt kräftigen und stärken. Sie können Ihren Willen genau auf das Ziel ausrichten, das Sie anstreben. Stellen Sie sich doch ein Blütenpotpourri aus dunkelblauen Blüten zusammen, vielleicht noch eine Mistel dazwischen, und träufeln Sie Zypressenöl darüber. Sie wissen mit Hilfe dieses holzigen, extravaganten Duftes genau, welche Dinge im Leben Ihre Aufmerksamkeit erfordern und welche nicht.

Die 3 der Münzen zeigt den Künstler im Tarot. Man muß jetzt nicht zwingend zu den kreativen Menschen gehören, um ebenfalls ein Künstler zu sein. Jedenfalls nicht, wie diese Karte es symbolisiert. Sie sollen kunstfertig an Ihrem eigenen Leben arbeiten. Gestalten Sie Ihre Welt nach Ihren Vorstellungen. Sobald Sie in sich gehen, werden Sie entdecken, daß da einige Reichtümer in Ihnen verborgen sind, die hervorgeholt werden möchten. Sie als Krebs verfügen mit Sicherheit über irgendeine künstlerische Ader. Sollten Sie weder Maler, Schriftsteller noch Dichter sein, dann doch wenigstens Lebenskünstler. Der versteht es wie kein anderer, dem Leben immer wieder etwas Wunderschönes abzugewinnen.

Haben Sie das Gefühl, Sie möchten endlich wirklich etwas erreichen im Leben, dann nehmen Sie die 3 der Münzen zur Hand. Dieser Künstler, der Dombauer, kann nur zu Werke schreiten, wenn vorher bereits etwas geschaffen wurde. Feinarbeit kann man erst leisten, wenn die grobe Struktur bereits vorhanden ist. Denken Sie genau darüber nach, was

Ihren Vorstellungen von Sicherheit und Ordnung entspricht, und vervollständigen Sie diese.

Haben Sie diese fundamentalen Erwartungen noch nicht erfüllt, dann fühlen Sie gerade jetzt, daß Sie etwas dafür tun wollen, um eine Basis für Ihre weitere Zukunft zu schaffen. Handeln Sie diszipliniert und logisch, dann können Sie auch das Vertrauen der Menschen gewinnen, die Ihnen auf Ihrem Lebensweg weiterhelfen können. Genau wie der Künstler der Karte. Er hört sich Vorschläge an und versucht diese dann aber selbständig noch zu verbessern. Er wirkt aufgeschlossen, aber auch selbstsicher. Achten Sie darauf – er steht erhöht.

Einen weiteren Aspekt zeigt der Bube der Münzen. Er hält die Münze hoch und trägt sie auf beiden Händen. Er ehrt den Reichtum. Sowohl materiell als auch ideell. Sie sind sparsam und im Augenblick wenig vergnügungssüchtig. Dabei setzt Erfolg in der Arbeit ein. Dieser wird belegen, wie weit Sie mit Ihrer Vernunft und Logik kommen. Haben Sie genug Selbstvertrauen. Dieses Selbstvertrauen ist ein weit wichtigerer Reichtum als der materielle. Sie werden mit sich selbst sehr zufrieden sein können. Daraus aber entwickeln Sie ein höheres Selbstwertgefühl. Sie können sich selbst auf Händen tragen. Ein herrliches Gefühl. Sie bekommen, was Sie möchten.

23. bis 31. August

Farbe

Nehmen Sie jetzt **Silber oder Silberblau**. Es wird Sie geradezu magisch anziehen in den nächsten Tagen. Diese Farbe will Sie vor allen Dingen in die Tiefen Ihres Unterbewußtseins entführen. Lassen Sie es ruhig zu, und tragen Sie jetzt bevorzugt Silber. Sollte Sie etwas stören in Ihrem Leben – und dies werden Sie jetzt sehr genau und vor allen Dingen sehr plötzlich herausfinden –, kann die Silberschwingung Sie leiten und zu neuen Ufern bringen.

Entzünden Sie daheim eine silberne Kerze, oder tragen Sie einen Silberring, und eventuellen Veränderungen in Ihrem Leben steht nichts mehr im Wege.

Edler Stein

Eine **Perle** sollte Sie jetzt begleiten. Dieses sanft schimmernde Sinnbild einer »Feenträne« bringt die nötige Reinigung vor einer Veränderung. Perlen holen unbewältigte sowie verdrängte Dinge ans Tageslicht und befreien so ihren Träger von altem Ballast. Sollten Sie neue Projekte und Ziele verfolgen, kann Ihnen eine Perle wertvolle Dienste leisten.

Pflanze

Rosmarin aktiviert und beruhigt zugleich. Beides brauchen Sie augenblicklich, doch seien Sie sparsam im Umgang mit dieser stark duftenden Pflanze. Verwenden Sie nicht zuviel davon. Sonst kann genau das eintreten, was Sie derzeit nicht brauchen können: daß Ihre Energien über das Ziel hinausschießen und Sie Ihre Stabilität verlieren.

Aroma

Ein Gang ins Grüne ist immer beruhigend und aktiviert zugleich. Sammeln Sie doch ein paar Zweige, und flechten Sie sich daraus eine herrliche Duftgirlande. Diese muß nicht groß sein – eine kleine reicht völlig. Geflochten aus grünen Blättern, mit etwas unterschiedlichen Formen, sieht sie wirklich bezaubernd aus. Beträufeln Sie diese Girlande dann mit dem Öl der **Honigmyrte**. Sie werden begeistert sein. Darüber hinaus werden Sie angeregt zu neuen Ufern aufbrechen können.

Alles scheint ruhig und friedlich. Sogar die Sphinxe des Wagens ziehen in Einklang in eine Richtung. Doch die Ruhe trügt. Denn die Sphinxe sind trotz der Eintracht ziemlich wankelmütig und könnten schnell in verschiedene Richtungen ausbrechen. Diese Karten werden dem Krebs zugeordnet, und daher müssen gerade Sie jetzt sehr achtsam sein, damit Sie den Verführungen der Karten nicht erliegen. Die Karten zeigen Ihnen, wie sehr Sie jetzt angreifbar sind. Sie müssen alles dafür tun, um keinem totalen Stimmungswandel unterworfen zu werden. Sorgen Sie für ausreichend Schlaf. Muten Sie sich nicht zu viel zu. Funktionieren Sie den Wagen nicht in einen Kampfwagen um, der neues Territorium im Sturm erobert.

Der WAGEN

Gehen Sie statt dessen ruhig und gelassen vor. Neuland kann sich ankündigen. Ihr Unterbewußtsein ist zur Zeit hoch aktiv und drängt an die Oberfläche. Beachten Sie, nicht sofort loszupreschen, obwohl man das Ziel noch gar nicht vor Augen hat. Denken Sie daran, daß Sie als Krebs durchaus sehr genau planen können. Wenn mit Ihnen aber nun

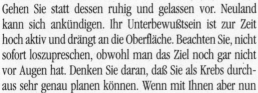

die Pferde durchgehen, könnte Ihnen wertvolles Informationsmaterial verlorengehen, das Sie später noch einmal benötigen könnten.

Es ist gut, Änderungen vorzunehmen, falls Sie Unzufriedenheiten aus Ihrem Leben verdrängen wollen. Der Zeitpunkt ist genau der richtige, nur auf das »Wie« kommt es an.

Die Figur auf der 4 der Münzen lehnt generell ab, was ihr angeboten wird. Sie sollen nun nicht gleich die Arme verschränken wie diese Person auf der Karte. Doch auch Sie haben schon viel erreicht in Ihrem Leben. Sehen Sie die drei Kelche vor der Figur? Sie symbolisieren, daß man bereits etwas geschaffen hat. Man sollte also gut abwägen, was man annehmen will und was nicht.

Also gehen Sie nicht zu forsch an neue Pläne heran! Versuchen Sie nicht, mit Brachialgewalt gewisse Verhaltensweisen zu ändern, sondern lassen Sie die Sphinxe in ruhigem Tempo dahinmarschieren, dann erreichen Sie jedes Ziel.

1. bis 12. September

Farbe

Gelb wird nun zu Ihrer Farbe. Wichtige Neuigkeiten und deren Verarbeitung warten auf Sie. Der gelbe Strahl wird da am positivsten helfen können, denn Gelb klärt den Verstand und läßt Sie logisch und strukturiert denken. Hinzu kommt, daß Gelb Geistesblitze geradezu fördert. Nehmen Sie also in diesen Tagen ein gelbes Tuch als ständigen Begleiter, und betrachten oder befühlen Sie es immer wieder einmal. Sie können aber auch gelbe Rosen in Ihre Wohnung stellen und so die gelbe Schwingung auf sich wirken lassen.

Zu viel Gelb ist ungesund – achten Sie also darauf, sich nicht ausschließlich mit dieser Farbe zu umgeben. Wohldosiert eingesetzt, fördert Gelb Ihre schöpferischen Ideen und läßt Sie brillant, witzig und genial erscheinen. Zu viel davon kann allerdings bewirken, daß Ihre Zunge geschliffen scharf wird und Sie jemandem, der Ihnen bislang noch wohlgesonnen war, empfindlich über den Mund fahren und ihn so gegen sich aufbringen. Also öfters mal die gelbe Schwingung genießen, und Sie können sich in dieser Woche wirklich hervortun.

Edler Stein

Das **Tigerauge** hilft Ihnen, den richtigen Weg einzuschlagen. Der Stein wird Sie zum einen beschützen, zum anderen verleiht er Ihnen die Macht, vorausschauende Gedanken zu haben und nun Dinge für Ihre Zukunft in die Wege zu leiten.

Pflanze

Bei all den Neuerungen und Überraschungen der nächsten Tage tut ein wenig Entspannung sehr gut. Brühen Sie sich eine Tasse **Majorantee** auf, und Sie werden frische Kräfte schöpfen für die nächste Runde.

Aroma

Limonenduft schärft Ihren Verstand und macht Sie hellwach. Dies ist auch notwendig, damit Sie alles zu Ihrer Zufriedenheit erledigen und brillieren können wie der Magier.

Eine möglicherweise angenehme Nachricht wird Sie erreichen. Wollen Sie diese Information zu Ihren Gunsten nutzen, müssen Sie darauf achten, daß Ihr Herz und Ihr Verstand bestens zusammenarbeiten. Der Magier könnte Sie nun dazu bringen, etwas voreilig zu handeln. Denn ist er einmal in Begeisterung geraten, hält ihn so schnell nichts mehr auf. So sehr Krebse zwar träumen und schwelgen können, so überraschend kann ihr Tempo werden. Das Stimmungsbarometer der Krebse ist irgendwie nicht mit normalem Maßstab beurteilbar. Sollten Sie also gerade jetzt einen unwiderstehlichen Drang zum schnellen Abmarsch in sich verspüren, dann zügeln Sie sich ein klein wenig. Denn ist der Krebs erst einmal losgelassen, kann er selbst den schnellsten Schützen noch überholen.

Der MAGIER

Mit Selbstkontrolle und im Einklang Ihrer Gedanken und Gefühle dürfte es Ihnen allerdings nicht schwerfallen, dem Schicksal einige positive Neuerungen abzuringen. Der Magier wird im Tarot als der »Könner« bezeichnet. Ein Meister seines Faches. Er kann es einfach. Allerdings weiß er genau,

KÖNIGIN der MÜNZEN

welche Fähigkeiten er zu welchem Zeitpunkt einsetzt. Betrachten Sie den Magier genau, und verbinden Sie dann wie er Ihre physischen Kräfte mit Ihrem Intellekt. Vertrauen Sie Ihren eigenen Fähigkeiten zur Bewältigung neuer Aufgaben. Auch in der Kommunikation können Sie sich jetzt beweisen. Dies bezieht sich nicht nur auf Gespräche. Der Magier gehört zum Planeten Merkur. Und dieser ist für die Sprache allgemein zuständig. Das heißt, daß Sie sich jetzt auch sehr gut schriftlich ausdrücken können. Ihre Worte werden nur so aus der Feder fließen und dabei fast orakelhaften Charakter annehmen. Sie können jetzt neue Freunde oder Geschäftspartner finden und Sie mit Ihrer augenblicklichen Redegewandtheit beeindrucken.

Achten Sie darauf, daß Ihnen all diese wunderbaren Dinge nicht einfach in den Schoß fallen, sondern daß Sie durchaus bereit sein müssen, auch etwas dafür zu tun. Sie müssen Einsatz und Initiative zeigen und vor allen Dingen so bewußt handeln wie der Magier!

13. bis 19. September

Farbe

Hochstimmung hat Sie erfaßt, und diese steigert Ihr Selbstvertrauen. Um ein wenig zur Ruhe zu kommen und gleichzeitig diesen aufgeladenen positiven Zustand optimal für sich zu nutzen, sollten Sie sich mit edlem **Gold** umgeben. Tragen Sie ein Goldkettchen, spüren Sie es auf Ihrer Haut. Empfangen Sie die warme Energie, die Gold verströmt.

Gold gilt als die höchste Farbe, darum können Sie diese nun auch einsetzen, um die großen Chancen, die sich Ihnen bieten, wahrzunehmen. Lassen Sie die Erkenntnisse, die Ihnen Ihr höheres Selbst und Ihre Intuition liefern, für sich arbeiten.

Gold symbolisiert das Licht des Unbewußten, das Wissen um alles, was geschieht. Mit Hilfe der goldenen Schwingung verhelfen Sie der Tarotkarte »Die Sonne« dazu, in Ihnen zu wecken, was die Karte erstrebt. Sie sollen alles klar und deutlich sehen, gefüllt von Licht, und damit den Garten Ihrer Seele entdecken.

Edler Stein

Falls Sie einen **Diamant** besitzen, sollte dieser zu Ihrem auserkorenen Liebling werden in dieser Woche. Der König der Edelsteine, auch »Splitter der Ewigkeit« genannt, wird Ihnen bei der einfachsten Berührung einen Hauch seiner Magie mit auf den Weg geben und Sie auf positive Veränderungen in Ihrem Leben hinweisen.

Pflanze

Der **Lorbeer** war dem Sonnengott geweiht. Agrippa von Nettesheim schrieb über diese Zuordnung: »... heilig der Lorbeer, ... immergrünend nicht des Winters Strenge fürchtend.« Wollen Sie von der kraftspendenden Pflanze profitieren, bereiten Sie sich ein herrliches Mahl zu mit Lorbeer. Lassen Sie den intensiven Geschmack auf Ihrer Zunge zergehen. Nehmen Sie seine Wirkung in sich auf, so werden Ihr Selbstvertrauen und Ihr Mut noch mehr gestärkt.

Aroma

Der warme, sinnliche Duft von **Moschus** entführt Sie direkt in den Garten Ihrer Seele. Moschus weckt die Lebensfreude in Ihnen. Sie verführt Sie jetzt zu mehr Freiheit in Ihrem Leben.

Beruflich oder privat könnten Sie jetzt zum Sieger werden. Doch die Karten wollen auch Ihren persönlichen Einsatz sehen. Möchten Sie etwas verändern in Ihrem Leben? Dann stürzen Sie sich jetzt mit Optimismus und Begeisterung hinein. Was Sie in der letzten Woche noch zügeln sollten, Ihre große Begeisterungsfähigkeit, können Sie jetzt ganz frei nach Herzenslust ausleben. Lassen Sie Ihre Krebs-Emotionen ruhig heraus.

Sie sind topfit und fühlen sich unternehmungslustig. Eigentlich können Sie es gar nicht mehr abwarten, bestimmte Dinge in Angriff zu nehmen. Doch vor dem Erfolg der 6 der Stäbe kommt nun einmal erst die 5 der Stäbe.

Diese Karte zeigt den Konkurrenzkampf, in dem man erst einmal üben muß. Sie sollen nun nicht mit harten Bandagen kämpfen. Eher kommt es darauf an, daß Sie sich an anderen sportlich messen, ihnen aber nicht weh tun. Sehen Sie, wie Sie sich bewähren, so weckt das Ihr Selbstvertrauen. Haben Sie das Gefühl, jemand könnte etwas besser als Sie im Beruf, dann arbeiten Sie an sich. Steigern Sie Ihr Leistungsniveau. Geht es um eine private Angelegenheit, dann betrachten Sie Ihre Konkurrenten. Was gefällt Ihnen an den anderen? Was möchten Sie ebenso besitzen? Gibt es derartige Dinge, dann fragen Sie sich erst, ob diese auch wirklich nötig sind und zu Ihrer Persönlichkeit passen. Wenn ja, versuchen Sie, sich im Konkurrenzkampf zu behaupten. Aber vergessen Sie nicht: Dieser Kampf ist ein Scheinkampf – kein Mensch darf einen anderen verletzen.

20. bis 26. September

Farbe

Die Karten könnten Sie jetzt zu vorschnellen Entscheidungen verführen. Die Farbe **Terrakotta** wäre jetzt angebracht. Als Mischung aus energetischem Rot und erdverbundenem Braun führt Sie die Farbe in die Richtung, die Sie anstreben. Zusätzlich ist in Terrakotta eine Spur der orangen Farbschwingung zu spüren. Orange ist die Farbe des Selbstbewußtseins. Dieses brauchen Sie gerade jetzt. Greifen Sie also zu Terrakotta. Vielleicht haben Sie ja auf dem Balkon oder im Garten einige Terrakottatöpfe stehen. Diese könnten Sie nun des öfteren betrachten, aber auch anfassen, um den Kontakt mit der Farbe herzustellen.

Edler Stein

Der **Granat** nimmt Ihnen die Angst vor einer unbekannten Zukunft und vermag Sie in den nächsten Tagen zu beschützen. Befühlen Sie diesen magischen Stein! Er wird Ihnen die innere Basis für einen Umbruch ohne Enttäuschungen schaffen.

Pflanze

Ingwer kräftigt Sie nun. Würzen Sie eine Speise mit Ingwer. Nehmen Sie die Kräfte der Heilpflanze in sich auf. Sie wird Sie vorbereiten auf bevorstehende Veränderungen.

Aroma

Der erdige, schwere Duft von **Patchouli** wirkt beruhigend auf Ihre Sinne, falls Ängste in Ihnen hochsteigen sollten, ob Sie den Schritt in die Zukunft wagen sollen. Patchouli gleicht aus und regt gleichzeitig an, so daß Sie Pläne schmieden können, ohne von Ängsten geplagt zu werden. Achten Sie auf die Dosis, maximal 5 Tropfen in das Duftlämpchen, sonst könnten Sie unter Schlafstörungen zu leiden haben.

Die Karte des Todes sieht düsterer aus als sie ist. Sie zeigt nicht Ihren physischen Tod an! Doch sie warnt Sie. Im Moment befinden Sie sich vielleicht in einer totalen Umbruchphase. Doch dabei kann es sein, daß Sie eine »Entweder-oder«-Haltung eingenommen haben.

Sie möchten Veränderungen in Ihrem Leben durchführen. Ihre Aussage ist: »Etwas muß sterben, damit etwas anderes leben kann.« Sie möchten nun einige Dinge aus Ihrem Leben verdrängen, um andere wiederbeleben zu können. Dies ist grundsätzlich in Ordnung, doch sollten Sie dabei nicht zu genau vorgehen. Achten Sie jetzt darauf, sich nicht in einem Dschungel vorgefaßter Meinungen zu verlaufen. Überdenken Sie Ihre Situation nochmals. Handeln Sie erst dann. Es kann durchaus sein, daß Sie sich zu sehr nach Art des Krebses eingeigelt und über ein Problem nachgedacht haben. Dabei haben Sie das gewünschte Ergebnis aus den Augen verloren, und deshalb beharren Sie kompromißlos auf einer einzigen Meinung. Gehen Sie in sich, so werden Sie feststellen, daß die einzige Lösung, die Ihnen vorschwebt, in Wahrheit eben nicht die einzige ist. Auf alle Fälle ist es eine Lösung, die nicht Ihren Vorstellungen entspricht. Vielmehr liegt Ihnen an einer Entscheidung, die endlich gefällt werden soll. Doch sollten Sie sich dabei fragen, wie eine derartige Entscheidung denn aussehen soll, damit sie nicht gegen Ihre eigenen Interessen geht.

Beharren Sie also nicht darauf, eine Entscheidung übers Knie zu brechen, sondern suchen Sie erst nach anderen möglichen Lösungen. Vielleicht erkennen Sie auch, daß Ihre radikale Haltung aus Angst resultiert. Doch Ängste sind nicht die besten Ratgeber. Fragen Sie sich selbst, was Sie wirklich möchten, und denken Sie nicht an Dinge, die Sie vermeiden oder umgehen wollen. So werden Sie Ihr wahres Ziel wieder besser vor Augen haben.

27. bis 30. September

Farbe: Greifen Sie zu **Gelb**. Die Karten sind Ihnen zwar gar nicht so wohlgesonnen, doch wollen sie Ihnen auch keine ernsthaften Schwierigkeiten machen. Vielmehr sollen Sie zum Umdenken bewogen werden. Dabei wird Gelb mit seiner leuchtenden Intensität Ihre Denkarbeit äußerst positiv unterstützen. Sobald Sie sich auf die Farbe einlassen, können Sie wirkliche Veränderungen herbeiführen und Fehler korrigieren. Vielleicht besorgen Sie sich eine gelbe Glühbirne und lassen den Raum, in dem Sie sich gerne aufhalten, für einige Zeit in Gelb erstrahlen. Dies wird Sie in Ihrer geistigen Arbeit außerordentlich unterstützen. Doch Vorsicht – keine Übertreibungen. Nicht bei gelbem Licht einschlafen, denn die rege Schwingung würde Sie Ihres Schlafes berauben.

Edler Stein: Ein **Tigerauge** kann Ihnen helfen, Ihren Blick auf das Wesentliche zu konzentrieren. Betrachten Sie diesen warmen, gelbbraunen Stein genauer. Er wird sich Ihnen offenbaren und Ihnen das dritte Auge öffnen für mögliche Stolpersteine auf Ihrem Weg.

Pflanze: Sollten Sie sich noch keine **Zitronenminze** ins Haus geholt haben, wäre jetzt eine wunderbare Gelegenheit dafür. Sie können natürlich auch nur einige Zweige Minze nehmen und sich davon einen frischen Tee aufbrühen. Nehmen Sie einige Blätter Zitronenminze, und peppen Sie damit Weinschaumcreme auf. Diese Verbindung läßt Sie sicherlich wieder etwas duldsamer und vor allen Dingen erholter werden.

Aroma: Der frische Duft der **Bergamotte** bringt Ihren Geist in Schwung. Dabei vertreibt dieser Duft so ganz nebenbei Gereiztheit, Anspannung und Stimmungstiefs. Dieses Zitrusaroma hilft Ihnen, alles klar zu sehen und damit auch nicht gleich in Haarspaltereien zu verfallen. Zu ebendiesen könnten Sie die Karten aber genau in dieser Woche verleiten.

Die Karten lassen Sie nun kaum zur Ruhe kommen. Spannungen kündigen sich an. Diese sind zwar nicht wirklich ernsthaft, doch in jedem Fall lästig. Ihr Bewußtsein richtet sich nicht konzentriert auf eine Sache, und so kommt es zu Flüchtigkeitsfehlern. Möglicherweise werden Sie in Ihrer Handlungsfreiheit auch von außen eingeschränkt. Jemand tut Ihnen etwas zuwider, und Sie reagieren dann allerdings völlig unangemessen. Überdenken Sie jetzt alles erst zweimal, bevor Sie es einmal aussprechen. Denn gerade als Krebs reagieren Sie sehr verletzt auf böse Bemerkungen und Ungerechtigkeiten. Und ein verletzter Krebs kann mitunter gnadenlos hart und unerbittlich werden. Also schützen Sie sich ruhig ein wenig auch vor sich selbst in den nächsten Tagen.

Die Liebenden wollen Sie darauf aufmerksam machen, daß Sie gerade in dieser Woche besonders vorsichtig sein sollten mit Äußerungen Ihren Lieben gegenüber. Fettnäpfchen, eines größer als das andere, warten nur darauf, daß gerade Sie hineintreten.

Halten Sie sich an den Eremiten, und ziehen Sie sich ein wenig zurück. Setzen Sie die Laterne des Eremiten ein. Er beleuchtet damit jedes Problem sehr genau, bevor er etwas unternimmt. Seine Farbe ist grau. Die Farbe der Autorität, aber auch der Zurückgezogenheit. Sie sollen eben nicht autoritär auf andere einwirken. Üben Sie sich in Selbstdisziplin, und verkneifen Sie sich lieber das eine oder andere Wort.

Denn die 9 der Schwerter wartet auf ihren Einsatz. Dies muß nicht so kommen, aber es könnte sein. Wenn Sie jetzt zu forsch auf den Füßen anderer herumtrampeln, könnte es leicht passieren, daß sich jemand von Ihnen abwendet. Dies allerdings würde Sie sehr traurig machen. Das muß doch nicht sein, oder?

1. bis 10. Oktober

Farbe: **Silber oder Silberblau** ist genau die richtige Farbe für diese Tage, denn die silberne Schwingung beruhigt und kühlt Ihre Nerven. Das können Sie im Moment gut brauchen, da Ihre Nerven ein wenig blank liegen und Sie zu etwas überreizten Reaktionen neigen. Also tragen Sie Silber, oder entzünden Sie abends daheim eine silberne Kerze. Sie werden merken, wie Sie plötzlich freier durchatmen können und Ihre Emotionen nicht mehr so schnell hochkochen. Ihre Umgebung wird es Ihnen danken.

Edler Stein: Nur ein **Diamant** kann gegenwärtig wirkliche Hilfe bieten. Mit seiner Klarheit und Reinheit verhilft er Ihnen zur notwendigen Einsicht in die Dinge. Sie überhitzen sich derzeit schnell. Der Diamant nicht, er blockt und wehrt ab. Genau diese Eigenschaften sollten Sie sich nun zunutze machen. Mit einem Diamant an Ihrer Seite – auch ein kleiner Diamant hilft – überstehen Sie die nächsten Tage ohne Verletzungen und können die Zeit sogar noch gewinnbringend nutzen.

Pflanze: **Thymian** sollte nun auf Ihrem Speiseplan stehen. Zumindest wäre ein Bad in Thymianöl äußerst entspannend und wohltuend. Thymian kann Ihr angegriffenes Nervenkostüm wieder reparieren, und Sie können gelassen und heiter in die Zukunft blicken.

Aroma: Meiden Sie zur Zeit Rosenduft. Rosen können Sie arrogant und überheblich machen. Das sollte gerade jetzt nicht noch verschärft werden. Greifen Sie statt dessen zu **Ylang-Ylang**. Dieses intensiv-blumige Öl wird Ihre Stimmungsschwankungen hinwegfegen und damit auch gleich eventuell aufkeimende Wut und Reizbarkeit. Achten Sie allerdings auf sparsamen Gebrauch und auf die Qualität des Öles.

Die Karten können Ihnen zu gesteigerter Dynamik verhelfen, falls Sie es zulassen. Wichtig ist in diesen Tagen vor allem, daß Sie sich die Karte der Kraft vor Augen halten. Mit Disziplin geht das junge Mädchen daran, den Löwen zu zähmen, nicht mit Aggression. Sanftes Einwirken auf Ihr Aggressionspotential wäre jetzt notwendig. Ihre Emotionen (der Löwe) könnten sonst zu schnell und undiszipliniert aus Ihnen hervorschießen. Dadurch würden Sie aber auch Kräfte auf sich lenken, die sich gegen Sie und Ihre Vorhaben richten. Seien Sie als Krebs im Augenblick besonders vorsichtig. Denn in Ihrer Gemütswelt dürften so viele unterschiedliche Emotionen sein, daß diese etwas durcheinandergeschüttelt nach draußen drängeln. Und obwohl Sie sonst durchaus den Überblick über all Ihre Gefühle haben, könnten Sie nun durch die Verführung der Karten etwas aus dem Gleichgewicht geraten.

Seien Sie so sanft und diszipliniert wie das junge Mädchen, deren Unschuld durch das weiße Gewand symbolisiert wird. Keine Überheblichkeit zeigt sich auf ihrem Gesicht, und trotzdem schafft sie es, ein wildes Tier zu zähmen. Emotionen können manchmal zu einem reißenden Tier werden, und es kostet durchaus sehr viel Kraft, diese unter Kontrolle zu halten. Doch es lohnt sich. Sollten Sie jetzt zu vorschnell und kurz entschlossen handeln, könnten Sie sich riesigen Ärger einhandeln, der die damit verbundene Aufregung wirklich nicht lohnt. Sie müssen bei allem, was Sie unternehmen, darauf achten, sich selbst und Ihre Fähigkeiten nicht falsch einzuschätzen. Kommt es dennoch dazu, würde Ihr Ärger gegenwärtig noch größer werden.

Die Folgen falschen Handelns können Sie auf der Karte 7 der Stäbe sehen. Die Figur setzt sich gegen viele Angreifer zu Wehr. Sie müßten also bei einer überhitzten Reaktion durchaus mit einigen Gegenangriffen rechnen. Sollte es dennoch so weit kommen, dann betrachten Sie die Karte nochmals. Der Verteidiger steht auf einem Hügel. Er ist also in der besseren Position und kann die Angriffe wahrscheinlich noch rechtzeitig abblocken. Aber riskieren Sie trotzdem nichts.

11. bis 17. Oktober

Farbe

Sie sollten jetzt zu kreativem **Gelb** greifen. Die Karten zeigen sich wohlgesonnen, und in der Kommunikation sind Sie gegenwärtig unschlagbar. Gelb fördert auch Geistesblitze und sorgt dafür, daß das Gehirn logisch und strukturiert arbeitet. Vielleicht verwenden Sie täglich für kurze Zeit eine gelbe Glühbirne. So können Sie Ihren Verstand noch mehr schärfen. Aber achten Sie darauf, das gelbe Licht lange vor dem Zubettgehen auszuschalten. Sie würden sonst unter Schlaflosigkeit leiden. Gelb regt nun wirklich sehr an. Sie können aber auch gelbe Rosen in Ihre Wohnung stellen und so die gelbe Schwingung auf sich wirken lassen. Bedenken Sie auch, daß zu viel Gelb sehr schaden kann. In kleinen Mengen eingesetzt kann es brillant, witzig und genial wirken. Doch zu viel vom Gelb, und schon wird Ihre Zunge geschliffen scharf, und die Konflikte lassen nicht lange auf sich warten.

Edler Stein

Das **Tigerauge** verhilft Ihnen nun dazu, den richtigen Weg einzuschlagen. Der Stein wird Sie zum einen beschützen, zum anderen verleiht er Ihnen die Macht, vorausschauende Gedanken zu haben und nun Dinge für Ihre Zukunft in die Wege zu leiten.

Pflanze

Bei all den Neuerungen und Überraschungen der nächsten Tage tut ein wenig Entspannung sehr gut. Hier hilft **Majoran**. Da jetzt die Zeit für neue Kartoffeln ist, könnten Sie doch Kartoffelgemüse mit Majoran probieren! Einfach gekochte Kartoffeln kleinschneiden. Eine helle Sauce zubereiten. Kartoffeln hineinlegen, mit Salz und Pfeffer abschmecken. Ganz zum Schluß zwei Handvoll (!) frischen, kleingehackten Majoran zugeben. Fertig. Einfach, schmeckt aber sehr gut.

Aroma

Verwenden Sie nun einen frischen Duft. **Minze** wäre jetzt das richtige Aromaöl für Ihre Duftlampe. Es reinigt die Gedanken und macht den Kopf klar.

Der Magier zeigt sich Ihnen äußerst wohlgesonnen. Er läßt Sie handeln, ganz wie Sie es wünschen. Sie können jetzt mühelos formulieren und aussprechen, was Sie wollen, und vor allem Ihr Gegenüber wird Ihnen aufmerksam zuhören. Eines der schlimmsten Dinge, die man einem Krebs antun kann, ist, ihm nicht zuzuhören. Er wird dann sehr, sehr traurig. Und diese Woche wird dies einfach nicht passieren. Das klingt doch wunderbar für einen Krebs, oder?

Der MAGIER

Haben Sie also schon seit längerem etwas auf dem Herzen, was Sie gerne in einem Gespräch geklärt hätten, dann ist dies eine besonders gute Woche.

Das Schönste daran ist, Sie müssen nicht einmal hart arbeiten, um zum Ziel zu gelangen. Ohne Probleme und wie von selbst werden sich gewisse Dinge lösen und Ihnen ein wunderbares Gefühl der Bewußtheit vermitteln. Vergessen Sie nicht – in seiner Lichtseite ist der Magier der, »der alles kann, was er will«.

Die LIEBENDEN

Die Liebenden lächeln Sie wirklich an und wollen Ihnen bedeuten, daß Sie im Augenblick derart viel Charme besitzen, daß Sie so manch ein Gegenüber, mit dem Sie vielleicht sogar eine Aussprache führen, einfach um den Finger wickeln können. Steht keine kontroverse Diskussion an, dann liegt Ihnen jetzt so manches Herz zu Füßen – und Sie müssen nichts dafür tun, nur genießen.

18. bis 24. Oktober

Farbe

Grün ist die Farbe der Hoffnung und Harmonie. Diese Farbe gibt das Gefühl, man würde im freudigen Überfluß schwelgen und wie auf Wolken schweben. Privates Glück können Sie nun fördern. Tragen Sie einen grünen Pullover, eine grüne Bluse oder sogar eine grüne Hose. Sie können mit Grün überhaupt nicht übertreiben. Sie wissen ja bereits, Grün ist die einzige Farbe, die nicht in ihr Gegenteil umschlägt. Warum dann nicht in der Farbe Grün schwelgen?

Edler Stein

Der tiefgrüne **Smaragd** gehört seit alters her zu den magischsten Steinen überhaupt. Er war der Göttin Venus geweiht, wer keusch lebte, dem wurde sogar die Gabe der Prophetie zuteil. Deshalb ist der Smaragd auch ein Symbol der fruchtbaren Natur – wie die Tarotkarte »Die Herrscherin«. Da Sie gerade jetzt in diesem Glücksgefühl der Liebe und Fülle schwelgen, wird Sie ein Smaragd darin unterstützen. Tragen Sie ihn bei sich, befühlen Sie seine kühle Ausstrahlung. Lassen Sie seine Magie auf sich wirken.

Sollten Sie nicht im Besitz eines Smaragds sein, so können Sie auch zu einem **Karneol** greifen, der bereits nach alter Überlieferung als mächtiger Talisman galt. Auch ein Karneol kann Sie in diesen Tagen wunderbar stimulieren.

Pflanze

Süß duftende und ebenso nett anzusehende **Veilchen** stehen Ihnen jetzt gut. Diese zierliche Pflanze ist in »Verruf« geraten – sie würde nur zu alten Menschen passen. Was für ein Unsinn! Betrachten Sie doch diese liebliche Blume einmal näher. Sie ist so bezaubernd. Ihr Aussehen und ihr reizender Duft werden Sie wirklich beglücken.

Aroma

Das Sahnehäubchen dieser Woche sollte herrlich süßer, intensiver **Vanilleduft** sein. Vielleicht ist Ihnen zu anderen Zeiten der Duft ein wenig zu sättigend. Krebse lieben leichtere Öle, aber in dieser Glückswoche kann Ihnen Vanilleduft zu noch mehr Wonne verhelfen.

In den nächsten Tagen sind Ihnen die Karten wirklich wohlgesonnen. Sie haben in diesem Jahr vorgearbeitet. Nun kann eine Zeit der Ernte beginnen. Haben Sie viel erledigt und auf den Weg gebracht, dann könnten Sie nun in den Genuß der Früchte dieser Arbeit kommen.

Sollten Sie privat einiges geklärt, gerichtet oder begonnen haben, sehen Sie jetzt, was daraus geworden ist. Und da Münzen immer etwas mit Reichtum zu tun haben – ist es ein Segen, was sich jetzt für Sie auftut. Vielleicht tragen Sie endlich einen kleinen Sieg davon. Nicht, daß Sie dafür mit einem Menschen im Streit liegen müssen. Ein Sieg kann auch bedeuten, daß Sie endlich mehr Aufmerksamkeit erlangen.

KÖNIG der SCHWERTER

Beruflich könnte die Ernte der 7 der Münzen die Befreiung von einigen materiellen Sorgen bedeuten. Auch hier gilt wieder – ein Riesengewinn ist nicht zu erwarten. Als Krebs dürften Sie eigentlich nicht in den Spielbanken dieser Welt zu Hause sein. Doch sicherheitshalber sollten Sie den Gang dorthin auch jetzt nicht unternehmen. Sie würden damit Ihre wertvolle Ernte verschleudern. Vielleicht erhalten Sie aber auch einen kleinen Obolus für Ihre geleistete Arbeit.

Falls der Triumph auf sich warten läßt, haben Sie möglicherweise noch nicht alles getan, um den Sieg davontragen zu können. Nehmen Sie sich den König der Schwerter zu Herzen. Er trägt ein Schwert stolz in seiner Hand. Seine überwiegende Farbe ist Blau. Das heißt, er fällt Entscheidungen (das Schwert) mit dem Verstand (Blau). Überlegen Sie also, wo Sie vielleicht noch etwas nachhelfen müssen. Dann läßt der Erfolg nicht lange auf sich warten.

25. bis 31. Oktober

Farbe

Die Ausstrahlung von **Silber oder Silberblau** ist sehr sanft und beruhigt daher auch ungemein die Nerven. Gleich, ob Sie einen Silberring oder ein silbernes Tuch tragen – die Wirkung wird sich auf alle Fälle einstellen. Greifen Sie jetzt zu Silber, und Sie finden Ruhe und Erholung.

Edler Stein

Ein freundlicher **Rosenquarz** ist jetzt ein idealer Begleiter für Sie. Er reinigt und übt eine beruhigende Wirkung aus. Der Rosenquarz ist einer der wenigen Steine, die man sogar neben das Bett legen kann, ohne daß er einen störenden Einfluß auf uns hätte. Im Gegenteil – er stimmt das Herz friedlich und bringt wohltuenden Schlaf.

Pflanze

Holen Sie sich doch vom Gärtner ein paar **Iris**. Diese lieblichen Schnittblumen schmücken nicht nur Ihre Wohnung, sondern werden Ihnen auch bei jedem Betrachten Ruhe und Glück zusenden. Iris duften sehr stark und halten auch sehr lange, wenn man öfters das Wasser austauscht.

Aroma

Der schwüle Duft des **Jasminöls** kann Ihnen die Ruhe versüßen. Ein bis zwei Tropfen reines Jasminöl in der Duftlampe reichen bereits aus, Sie ohne Angst und Depression zur Ruhe kommen zu lassen und trotzdem Ihre Kräfte zu stärken.

Die 2 der Kelche zeigt eine Verbindung. In dieser Woche geht es für Sie darum, eine Verbindung zwischen Ihrem Wollen und Ihrem Tun herzustellen. Das gleiche gilt für Ihr Bewußtsein und Ihr Unterbewußtsein. Jetzt geht es darum, Ruhe zu finden. Und dies gelingt Ihnen am besten, wenn Sie einfach nur Krebs-Natur sind und sich der Seelenmassage hingeben.

Schließen Sie die Verbindung bewußt mit Ihrem Unterbewußtsein. Lassen Sie geheime Wünsche ruhig ans Tageslicht. Eine gute Gelegenheit besteht im Moment, diese innere Zerrissenheit wieder auszugleichen. Und sobald Sie sich ein wenig mit Ihrem Unterbewußtsein kurzschließen, können Sie auch hier viel Neues entdecken. Die Reise lohnt also. Betrachten Sie die 3 der Kelche: Ohne Anspannung, mit Muße feiern diese drei Figuren. Es ist keine übertriebene Orgie – sondern ein entspanntes Beisammensein voller Freude. Sie können genußvolle Stunden seelischer Entspannung genießen, falls Sie es zulassen. Alles, was Sie dafür tun müssen, ist, sich nicht ablenken, sich nicht durcheinanderbringen zu lassen, falls Ihre Umgebung zu sehr auf Sie einstürmt. Auch wenn Sie als Krebs nur sehr schwer »nein« sagen können, sollten Sie sich jetzt zweimal überlegen, welche Verpflichtungen Sie annehmen möchten und welche nicht. Laden Sie sich jetzt zu viel auf, so wird der Krebs in Ihnen nur unglücklich.

Dies ist auch eine günstige Gelegenheit, Mißstimmungen mit Ihren Lieben auszuräumen. Die 2 der Kelche stellt selbstverständlich auch die Verbindung in Liebe oder Freundschaft her. Wagen Sie den ersten Schritt, und Sie haben Grund zu feiern!

1. bis 7. November

Farbe

Greifen Sie zu **Grün**. Nutzen Sie die grünen Schwingungen so oft wie möglich. Tragen Sie ein grünes Tuch bei sich – in der Tasche, unter dem Pullover oder ganz einfach um den Hals –, es wird Ihnen den nötigen Ausgleich vermitteln, der Ihnen gerade jetzt ein wenig fehlt. Auch eine grüne Glühbirne bringt die ersehnte Beruhigung. Denken Sie daran: Grün ist die einzige Farbe, die nicht in ihr Gegenteil umschlägt und Ihre Stimmungslage stabil hält. Grün bedeutet wohltemperierte Harmonie. Es macht also gar nichts, wenn Sie im Schein einer grünen Glühbirne einschlummern – vielleicht lösen sich sogar manche Verspannungen dann wie im Schlaf.

Edler Stein

Ein **Smaragd** tut in dieser Woche Wunder für Sie. Traditionell wird diesem besonderen Stein die Kraft der Weit- und Voraussicht zugesprochen. Der Smaragd reinigt auch die eigene Sicht der Dinge, seine grüne Farbe beruhigt den Träger. Sind Sie glücklicher Besitzer eines Smaragds, so tragen Sie den Stein in dieser Woche ganz bewußt wie einen kostbaren Schatz bei sich. Er lindert Ihre Unruhe und sorgt für eine beruhigende Wirkung.

Sollten Sie nicht auf einen Smaragd zurückgreifen können, so dürfen Sie auch einen **Karneol** als Helfer an Ihre Seite holen, der schon im Mittelalter gegen »innere Unruhe« gerne verwendet wurde.

Pflanze

Da Sie jetzt unter Ihrer inneren Gereiztheit leiden könnten, ist es wichtig, so beruhigend wie möglich auf Ihr Nervenkostüm einzuwirken. **Thymian** wird Ihre Nerven stärken und kräftigen, um Sie für die kommende Zeit bestens auszurüsten. Der angenehme Duft des Thymians entfaltet sich am besten in einem wohltuenden, aromatischen Kräuterbad.

Aroma

Haben Sie keine Lust zu baden, dann können Sie auch zu Ihrem Duftlämpchen greifen und den wohltuenden Duft der **Rosen** in Ihre Wohnung holen. Die Königin der Blumen verströmt ein wahres Kaleidoskop an Aromen. Vor allem aber verscheucht sie im Handumdrehen Groll und Ungeduld. Genau darunter haben Sie jetzt wahrscheinlich zu leiden.

Rosenöl wird Sie gereizte Stimmungslagen im Nu vergessen lassen und Ihnen das Gefühl von Liebe und Schönheit vermitteln. Sie werden in eine weiche, rundum glücklichere Gedankenwelt versetzt.

Die Karte »Der Turm« drängt in dieser Woche in den Vordergrund und gibt Anlaß zu allerlei Hektik und Turbulenzen. Ihr Seelenfrieden ist in Gefahr, denn allzu leicht lassen Sie sich aus der Reserve locken und können dann mit einem unverhofften Streit konfrontiert werden. Geben Sie sich im Moment als liebenswerter Krebs, und versuchen Sie streitgefährdeten Situationen von vornherein aus dem Weg zu gehen.

Auch »Der Herrscher« zeigt sich diesmal von seiner negativen Seite und verleitet Sie nur zu gern zu unüberlegten Vorurteilen, die sehr ungerecht sein können. Alles kommt aus Ihrer inneren Anspannung und Gereiztheit. Sehr leicht vergessen Sie jegliches Sozialverhalten. Die wohlgeordnete Welt des Herrschers leidet im Moment unter Turbulenzen. Achten Sie darauf, wenn es tatsächlich zu einer Auseinandersetzung kommt, was Sie an Ihrem Gegenüber reizt und was Ihrer eigenen inneren Anspannung entspringt – denn hierauf könnte Ihr aggressives Verhalten basieren. Möglicherweise fügen Sie anderen Menschen seelische Verletzungen zu. Sie würden dann sehr hart arbeiten müssen, um begangene Fehler wiedergutzumachen. Leider ist es aber so, daß ein Krebs, wenn er einmal rot sieht, fast nicht mehr zu bremsen ist. Vielleicht kennen Sie das ja aus eigener Erfahrung. Achten Sie also am besten darauf, sich gar nicht erst in diese Gefahr zu begeben.

Passen Sie bitte auf, daß die negativen Seiten der beiden Karten zusammen Sie nicht zu einem vorschnellen, überhitzten Aggressionsausbruch verleiten. Das kann allerdings dem besten Krebs passieren, gerade wenn er sich bedrängt fühlt. Sie sollten aber auch nicht gegen Ihre eigene Überzeugung handeln und sich zu sehr zurückhalten, wenn Sie – nach gewissenhafter Überprüfung Ihrer eigenen Motive – nach wie vor glauben, im Recht zu sein. Dann sollten Sie Ihren Standpunkt verteidigen – aber Vorsicht: nicht zu heftig oder vorschnell, dann geht alles gut.

8. bis 14. November

Farbe

Die warme Schwingung des **Goldes** wird Ihren Idealismus und Ihre neu erwachte Begeisterung für die schönen Dinge des Lebens beflügeln. Tragen Sie jetzt Goldschmuck, spüren Sie seine intensive, einhüllende Strahlung auf Ihrer Haut. Ihr schöpferisches, kreatives Potential drängt jetzt nach außen und gibt Ihnen die Kraft für neue Höhenflüge.

Gold ist die höchste Schwingung – lassen Sie sich von ihr in neue Weiten tragen.

Edler Stein

Der **Goldtopas** paßt jetzt zu Ihnen. Seine goldene Farbe lächelt Sie an und läßt Sie an Schönheit und Ideale denken. Ein Topas schützt vor Ärger und Streß. Nicht, daß solche Widrigkeiten im Augenblick spruchreif sind, im Gegenteil, doch gerade diese glücklichen Momente sollte kein Wölkchen am Himmel trüben.

Pflanze

Wenn Sie nicht ohnehin **Rosen** gepflanzt haben, wäre jetzt die richtige Gelegenheit, einige dieser himmlischen Blumen ins Haus zu holen. Es müssen nicht gleich rote, langstielige Rosen sein. Gelbe oder weiße Rosen wären ideal. Die Königin der Blumen unterstreicht Ihre momentane, wahrhaft fürstliche Ausstrahlung. Außerdem erheitert ihr Duft den Geist.

Aroma

Wenn Sie jetzt **Moschus** benutzen, steht einem erotischen Abenteuer in den nächsten Tagen nichts mehr im Wege. Ihre Sinne sind hellwach und begeisterungsfähig. Genau das strahlen Sie auch auf andere Menschen aus. Ihr Charme ist umwerfend und Moschus der Duft, der Ihnen jetzt hervorragend steht. Die schwüle, schwere Duftnote ist genau das Richtige für die nächste Zeit.

Jetzt zeigen sich die Karten von ihrer besten Seite und lachen Sie an. Sie müssen Ihre Emotionen nicht unter Kontrolle halten. Im Gegenteil – schwelgen Sie in Ihrer Lebensfreude und Ihrem Selbstvertrauen. Seien Sie diese Woche ganz einfach Krebs.

Die SONNE

Betrachten Sie die Karte der Sonne genauer. Prägen Sie sich ihre Symbole für die kommenden Tage ein – das unschuldige Kind mit der Fahne des Lebens reitet fröhlich durch den inneren Garten der Seele und läßt damit auch alte Mauern hinter sich. Genauso werden Sie sich jetzt fühlen, und daher sollten Sie es dem Kind der Sonne gleichtun und fröhlich Ihrem gesteigerten Bedürfnis nach Selbstverwirklichung nachgeben.

Außerdem umgibt Sie derzeit eine wahrhaft königliche Ausstrahlung, geprägt von Toleranz und natürlicher Autorität. Sie wirken vollkommen ausgleichend auf Ihre Umgebung und können Ihre Mitmenschen zu wahren Begeisterungsstürmen hinreißen. Denn zur Zeit fällt Ihnen Sanftmut sehr leicht. Die Folge: Sie zeigen keine überschießenden Reaktionen, sondern reagieren würdevoll und angemessen auf alles, was Sie umgibt.

KÖNIGIN der STÄBE

Die Königin der Stäbe zeigt ebenfalls das Abbild Ihres augenblicklichen Gemütszustandes. Sie ist die fröhlichste aller Königinnen, die immer Ausschau nach Spiel und Spaß hält. Dadurch wird sie auch zur kreativen Königin, der ungewöhnliche Dinge sehr leicht fallen. Sie trägt eine Sonnenblume in der Hand. Diese Pflanze ist die beste Beschreibung für die Königin der Stäbe – eine Sonnenblume dreht und wendet ihr Köpfchen so lange, bis sie sich so richtig an der Sonne laben kann. Tun Sie es ihr gleich – drehen Sie sich jetzt genau da hin, wo die meiste Sonne für Sie scheint.

15. bis 21. November

Farbe

Immer, wenn es hektisch wird um uns herum, ist Grün eine wahre Wohltat. Wenn sich also in den nächsten Tagen tatsächlich Spannungen ankündigen oder auch sehr plötzlich über Sie hereinbrechen, dann greifen Sie zu **Grün**. Dabei ist es völlig gleich, ob Sie einen grünen Schal oder ein grünes Tuch bei sich tragen und im Laufe des Tages immer wieder mal befühlen. Oder Sie trinken Ihren Morgenkaffee aus einer grünen Tasse. Das wirkt Wunder. Es sollte nur ein reines, schönes Grün sein und nicht »schmutzig« wirken. Das Schönste daran ist, daß selbst so eine kleine grüne Kaffeetasse eine derart durchschlagende Wirkung haben kann. Übrigens: diese Tassen in reinen Farben sind heutzutage überall erhältlich und auch nicht zu teuer – vielleicht legen Sie sich ein kleines Depot mit den wichtigsten Farben an? So können Sie bereits am Morgen mit der Farbe Kontakt haben, die für Sie wichtig wird. Und es hilft!

Edler Stein

Der zauberhafte **Rubin** ist ein wahrer Wohltäter. Er hilft bei Kummer jeglicher Art, vertreibt Traurigkeit, besonders auch Liebeskummer. Und so ganz nebenbei befreit er auch noch von Aggressionen. Ein Rubin läßt diese bei seinem Träger gar nicht erst zu. Ein herrlicher Stein, der Ihnen jetzt sehr helfen kann. Ein Handschmeichler ist nicht teuer und trägt sich auch besser in der Tasche.

Pflanze

Da es um diese Jahreszeit bereits schwierig sein wird, mit frischen Kräutern zu würzen oder Blumen günstig erstehen zu können, empfiehlt sich ein Gang in die spätherbstliche Natur. Halten Sie nach einer **Tanne** Ausschau. Der immergrüne Baum wirkt beruhigend und vor allem stärkend und kräftigend. Lehnen Sie sich ruhig an den Stamm der Tanne und tanken Sie etwas Kraft.

Aroma

Rosenöl ist zwar teuer, da der weiche Duft der Rose nicht synthetisch hergestellt werden kann. Dafür aber genügen bereits zwei Tropfen, und Sie haben das Gefühl, über den Wolken zu schweben!

KÖNIGIN der SCHWERTER

Die Königin der Schwerter zeigt sich Ihnen in diesen Tagen ausgesprochen launenhaft und emotional schwankend. Sie ist Ihnen im Moment leider nicht besonders wohlgesonnen und möchte Sie nur zu gern aus dem Gleichgewicht kippen. Und sie möchte Sie auch zu harten und ungerechten Urteilen verführen. Als Krebs könnte es Ihnen passieren, daß Sie besonders auf diese Karte reagieren. Wenn sich Krebse nicht wohl fühlen, dann tendieren sie zu Stimmungsschwankungen und zu hartherzigem Denken. Lassen Sie sich also jetzt nicht von dieser Königin dazu verleiten. Betrachten Sie die Königin genauer. An ihrem linken Arm ist der Rest einer Fessel zu sehen, mit dem Schwert in der Hand demonstriert sie, daß sie sich von dieser Last befreit hat. Selbst. Für Sie bedeutet das, daß Sie lästige Verpflichtungen und Alltagssorgen nun am liebsten völlig aus Ihrem Leben verbannen würden. Dabei sind Sie aber auch überempfindlich und neigen durch Streß zu Überreaktionen. So kann es sein, daß Sie Ihren Mitmenschen schnell etwas unterstellen, insbesondere, man würde Sie nicht ernst nehmen. Die Königin der Schwerter ist die kopfbetonte der Königinnen im Tarot. Sie löst Probleme mit dem Schwert des Verstandes. Sie kann schon auch frei und unbeschwert sein. Doch nur allzu oft zeigt sie sich von ihrer harten, unerbittlichen Seite.

Sollten Sie jetzt einer Person über den Mund fahren und sie wegen einer Aussage, die Ihnen nicht gefällt, disziplinieren wollen, so fällt das auf Sie zurück. Sie sind im Moment eben überempfindlich und mißverstehen manches auch. Ihr Gegenüber will Sie dabei vielleicht überhaupt nicht verletzen. Lassen Sie nicht sofort das Schwert auf ihn niedersausen. Nehmen Sie jetzt alles ein wenig leichter. Lassen Sie sich von der Königin der Schwerter nicht zu diesem Verhalten verführen. Denn letzten Endes ärgern Sie sich am meisten selber über alles – und das muß doch nicht sein.

22. bis 30. November

Farbe

Sie sollten jetzt zu kreativem **Gelb** greifen. Die Karten zeigen sich wohlgesonnen, und in der Kommunikation sind Sie gerade unschlagbar. Gelb fördert auch Geistesblitze und sorgt dafür, daß Ihr Gehirn logisch und strukturiert arbeitet. Vielleicht verwenden Sie täglich für kurze Zeit eine gelbe Glühbirne. So können Sie Ihren Verstand noch mehr schärfen. Aber achten Sie darauf, das gelbe Licht lange vor dem Zubettgehen auszumachen. Sie würden sonst an hoffnungsloser Schlaflosigkeit leiden. Gelb regt nun wirklich sehr an. Sie können aber auch gelbe Rosen in Ihre Wohnung stellen und so die gelbe Schwingung auf sich wirken lassen.

Zuviel Gelb schadet sehr. Richtig dosiert macht es brillant, witzig und genial. Doch ein Zuviel an Gelb macht Ihre Zunge geschliffen scharf, und die Konflikte lassen nicht lange auf sich warten.

Edler Stein

Das **Tigerauge** verhilft Ihnen nun dazu, den richtigen Weg einzuschlagen. Es wird Sie zum einen beschützen, zum anderen verleiht es Ihnen die Macht, vorausschauende Gedanken zu haben und nun Dinge für Ihre Zukunft in die Wege zu leiten.

Pflanze

Bei all den Neuerungen und Überraschungen der nächsten Tage tut ein wenig Entspannung sehr gut. Hier hilft **Majoran**. Sie könnten doch Kartoffelgemüse mit Majoran probieren! Einfach nur gekochte Kartoffeln kleinschneiden. Eine helle Sauce zubereiten. Kartoffeln hineingeben, mit Salz und Pfeffer abschmecken. Ganz zum Schluß zwei Handvoll frischen, kleingehackten Majoran zugeben. Fertig. Einfach, schmeckt aber sehr gut.

Aroma

Verwenden Sie nun einen frischen Duft. **Minze** ist jetzt das richtige Aromaöl für Ihre Duftlampe. Es reinigt die Gedanken und macht den Kopf klar.

Der Magier zeigt sich Ihnen äußerst wohlgesonnen und läßt Sie handeln, ganz wie Sie wünschen. Sie können fast mühelos formulieren und aussprechen, was Sie wollen, und vor allem Ihr Gegenüber wird Ihnen aufmerksam zuhören.

Haben Sie also schon seit längerem etwas auf dem Herzen, was Sie gern im Gespräch bereinigt hätten, dann ist dafür nun eine ganz besonders gute Woche.

Der MAGIER

Das Schönste, Sie müssen nicht einmal hart arbeiten, um zum Ziel zu gelangen. Ohne Probleme und wie von selbst werden sich gewisse Dinge lösen und Ihnen ein wunderbares Gefühl der Bewußtheit vermitteln. Vergessen Sie nicht – in seiner Lichtseite ist der Magier der, »der alles kann, was er will«.

Die Liebenden lächeln Sie wirklich an und wollen Ihnen aufzeigen, daß Sie zur Zeit derart viel Charme besitzen, daß Sie so manch ein Gegenüber, mit dem Sie vielleicht sogar eine Aussprache führen wollten, einfach um den Finger wickeln können. Geht es nicht darum, dann liegt Ihnen jetzt

Die LIEBENDEN

so manches Herz zu Füßen – und Sie müssen nichts dafür tun, nur genießen.

1. bis 12. Dezember

Farbe: Die sanfte Farbe **Grün** paßt in den nächsten Tagen hervorragend zu Ihnen. Grün stimmt seinen Träger froh und optimistisch. Schwelgen Sie ruhig in Grün. Ganz gleich, ob in der Natur oder zu Hause in Ihrer Wohnung. Wenn Sie jetzt grüne Kerzen entzünden, Ihr Zuhause mit grünem Laub schmücken oder eine grüne Glühbirne eindrehen, Sie werden den Optimismus der Farbe in sich aufnehmen. Dabei können Sie dann das Gefühl von Freude und Harmonie gar nicht mehr stoppen. Das ist doch herrlich, oder? Und vergessen Sie nicht – von Grün kann man im Gegensatz zu allen anderen Farben nie genug bekommen, denn Grün schlägt nichts ins Gegenteil um, sondern übt auf seinen Betrachter oder Träger immer eine harmonisierende, ausgleichende Wirkung aus.

Edler Stein: Wählen Sie einen **Karneol** zu Ihrem Begleiter. Er galt bereits nach alter Überlieferung als ein mächtiger Talisman. Er erfüllt unsere Gedanken mit Wärme und läßt uns beweglicher werden. Im Denken genauso wie im Handeln. Und da nun eine Woche der Entspannung ansteht, ist das doch genau das Richtige.

Pflanze: Das liebliche **Veilchen** kommt zum Einsatz. Der süße Duft des zierlichen Veilchens öffnet Ihr Herz. Sie werden plötzlich das Gefühl von Luxus und Wohlbefinden haben. Dies alles ist der kleinen, oft verkannten Blume zu verdanken. Da es allerdings schwierig ist, um diese Jahreszeit frische Veilchen ins Haus zu holen, können Sie auch einen kleinen Trick anwenden. Holen Sie sich getrocknete Veilchen, und verzieren Sie damit Ihre Nachspeise. Allein der Gedanke an Veilchen wirkt schon Wunder. Dazu könnten Sie etwas Vanilleduft aus der Apotheke holen und einem Schaumbad zusetzen.

Aroma: Die Königin der Düfte kann das »Sahnehäubchen« dieser Woche sein. Holen Sie sich **Rosenöl**. Es entspannt, regt Ihre Sinne an und kann Ihnen eine Woche voller Sinnenfreuden bereiten. Keinerlei Kummer wird Sie bedrücken, statt dessen werden Sie auf einer Wolke gehobener Stimmung schweben.

Verbinden Sie nun materielles und spirituelles Glück. Sie haben die Chance dazu. Betrachten Sie den prächtigen, üppigen Garten auf der Karte As der Münzen. Und wie magisch wird Ihnen eine Hand mit einer Münze gereicht. Es ist Ihr innerer Garten, in dem diese Szene stattfindet. Sie müssen nur zugreifen. Gehen Sie durch das Rosentor, und lassen Sie Ihren Emotionen freien Lauf. Sie werden in sich einen seelischen Zustand totaler Entspannung finden. Aktivitäten sind nicht im Programm. Genießen Sie das Leben, machen Sie Spaziergänge. Schwelgen Sie und lassen Sie jegliche Freude auf sich wirken. In jedem Krebs schlummern unzählige spannende Dinge. Suchen Sie sich ein paar davon heraus, und erkunden Sie sich selbst sowie Ihre geheimsten Wünsche.

Ist in Ihrer näheren Umgebung gerade eine Unstimmigkeit aufgetreten oder besteht diese schon länger, dann können Sie jetzt alles wieder ordnen. Man wird Ihnen zuhören, und einer Versöhnung steht nichts mehr im Wege.

Denken Sie dann an die Gerechtigkeit. Alles, was Sie tun,

kommt in gleichem Maße zu Ihnen zurück. Verschenken Sie etwas von Ihrem gegenwärtigen Glück, und viel wird zu Ihnen zurückkommen. Möglicherweise wird Ihnen sogar ein kleines Geschenk als Zeichen der Zuneigung überbracht. Nehmen Sie es ruhig an, und erfreuen Sie sich daran.

13. bis 19. Dezember

Farbe

Silber oder Silberblau läßt Sie die Hochstimmung der vergangenen Tage noch länger einfangen. Nutzen Sie die silberne Schwingung, um in den kommenden Tagen positive Veränderungen vorzunehmen. Die Zeit ist günstig, auf Ihre innere Stimme zu hören und sie dann kraft Ihres Verstandes nutzbringend einzusetzen. Entzünden Sie daheim eine silberne Kerze. Sie wird Ihre aktiven Nerven etwas beruhigen, und Sie können Ihren Verstand so einsetzen, wie Ihre innere Stimme es von Ihnen verlangt.

Edler Stein

Eine **Perle** bietet in dieser Woche wertvolle Hilfe und Unterstützung. Die Perle wird auch dem Kehlkopf-Chakra zugeordnet. Gerade dieses sollten Sie in der nächsten Woche ein wenig unter Kontrolle halten, denn die Karten könnten Sie nun auch zu übermütigen Plaudereien verleiten. Die Perle wird Ihnen helfen, nicht voreilig vorzupreschen, sondern mit Bedacht und ohne innere Nervosität die nächsten Tage zu genießen.

Pflanze

Geschätzt wird **Rosmarin** vor allem wegen seiner reinigenden und befreienden Kraft. Genießen Sie also diese Tage bei einer selbstgebrühten Tasse Rosmarintee. Lauschen Sie dabei Ihrer inneren Stimme, die Sie zu neuen Taten drängen wird. Sie werden diese mit Hilfe von Rosmarin schwungvoll, aber gelassen angehen können.

Aroma

Zur Abrundung Ihrer unterstützenden »Wohlfühlhelfer« können Sie sich vom magischen **Weihrauch** in das Reich der Sinne entführen lassen. Die Räucherung mit Weihrauch, aber auch das Parfümieren von Gewändern und Räumlichkeiten gehört zu den wohl ältesten kulturellen Traditionen der Menschheit. Gerade Weihrauch wird immer wegen seiner reinigenden Wirkung hoch geschätzt. Da Sie in den kommenden Tagen das starke Gefühl verspüren werden, manche Dinge in Ihrem Leben verändern zu wollen, hilft Ihnen der Duft von Weihrauch bei manchen Entscheidungsprozessen.

Der Wagen fordert Sie auf, aktiv zu werden. Ihre ganzen Energien mobilisieren sich gerade und warten auf ihren Einsatz zum Handeln. Geben Sie Ihrem Drang nach Aktivität ruhig nach. Ihre innere Stimme ist vorhanden, doch möchte sie lediglich auf Dinge aufmerksam machen, die Sie bereits angedacht haben.

Der WAGEN

Jetzt wäre die günstige Gelegenheit, diese Vorsätze in die Tat umzusetzen. Der Wagen spornt Sie zu Aktivität an und läßt Sie konsequent handeln. Ihr Herz und Ihr Verstand (die beiden Sphinxe des Wagens) streben im Moment in eine gemeinsame Richtung, so daß Sie kein Gefühl innerer Zerrissenheit beschleichen wird. Sie können den Wagen zu einem Triumphwagen werden lassen.

Der Wagenlenker steht unter einem Sternenbaldachin – unter anderem das Symbol der ewigen Gesetze zwischen Himmel und Erde. Der Lenker steht unter dem Schutz der Sterne. Die Mächte des Universums werden hier versinnbildlicht. Mit diesen geheimnisvollen Kräften scheinen Sie im Augenblick unter einer Decke zu stecken. Auf beinahe unerklärliche Weise spüren Sie, daß sich Ihnen Zusammenhänge schneller erschließen. Dadurch werden Sie besonders aktiv. Energien stehen jetzt genügend zur Verfügung.

Geben Sie den Karten ruhig nach, und folgen Sie der 3 der Kelche. Feiern Sie mit lieben Menschen. Dadurch können Sie diese Hochstimmung noch etwas länger halten. Sie sehen zu Füßen der Feiernden die Früchte der Erde. Daran erkennt man, daß bereits gesät wurde. Also ist vorerst die Arbeit getan. Jetzt darf man sich auch einmal genußvoll ins Vergnügen stürzen. Vielleicht aber wollten Sie schon lange »Kleinigkeiten« in die Tat umsetzen. Jetzt besteht eine günstige Gelegenheit. Tapezieren Sie Ihre Wände neu, streichen Sie sie oder nehmen Sie endlich die gewünschte Kassette auf. Sie haben so viele Energien, daß Sie viele Dinge gleichzeitig erledigen können.

20. bis 26. Dezember

Farbe

Sie sollten nun **Blau** zu Ihrer Farbe machen. Diese kühle Farbe verleiht nicht nur Heiterkeit und Ruhe, sondern gibt Ihnen auch genügend Selbstvertrauen. Jetzt stehen Entscheidungen an, und durch Blau können Sie zu intuitiven Erkenntnissen gelangen. Wenn Sie bereits wissen, was Sie wollen, dann verhilft Ihnen Blau zu Vollkommenheit. Vielleicht drehen Sie für jeweils eine halbe Stunde eine blaue Glühbirne ein und beleuchten damit Ihr Wohnzimmer. Von dieser Farbe bitte nicht zuviel tanken, sonst könnten Sie sehr schnell unterkühlt und reserviert werden.

Edler Stein

Der sanft leuchtende **Lapislazuli** gilt als Stein der Harmonie. Gerade diese brauchen Sie in den nächsten Tagen. Die Ägypter nannten ihn den »Stein des Himmels«. Er sollte Weisheit, Freude und Heiterkeit bringen. All seine Eigenschaften können Sie in den nächsten Tagen sehr gut brauchen. Lassen Sie also einen Lapislazuli an Ihrer Seite sein. Mögliche Auseinandersetzungen oder Stimmungsschwankungen halten sich dann in Grenzen.

Pflanze

Basilikum, ein heißer Tip für Sie. Ganz gleich, ob Sie Basilikum als Essig oder pur genießen wollen. Die kleine, adrette Pflanze kann übrigens auch sehr hoch werden, wenn man sie läßt. Sie beruhigt und stimuliert zugleich. Wenn Sie Basilikum nur berühren, verströmt es bereits seinen aromatischen Duft. Vielleicht würzen Sie in dieser Woche öfters mal mit Basilikum – es hilft.

Aroma

Der Duft von **Aloeholz** wird Ihre Lebensgeister reinigend anregen. Da Sie in den kommenden Tagen möglicherweise anstrengende, aber gewinnbringende Tage vor sich haben, ist der holzige Duft von Aloe genau der richtige für Sie. Sie könnten einige Holzfrüchte mit Aloeöl bestreichen – es duftet herrlich und vor allem lange nach.

Ihr Einsatz ist gefragt. Betrachten Sie die 10 der Stäbe. Diese Figur trägt schwer an den vielen Stäben in ihren Händen. Da Stäbe aber immer einen Neubeginn symbolisieren, ist jetzt eine gute Zeit dafür. Beginnen Sie mit den Dingen, die Sie schon lange tun wollten. Oder fangen Sie an, Ihr Leben in Bahnen zu lenken, die Ihnen schon lange vorschweben. Möglicherweise können Sie damit Ihr Leben entscheidend beeinflussen und verbessern.

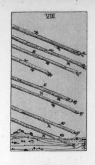

Achten Sie allerdings darauf, daß es Ihnen dabei nicht ganz so ergeht, wie der 10 der Stäbe. Nehmen Sie nicht zu viel auf einmal in die Hand. Gerade als Krebs kann es Ihnen dann passieren, daß Sie sich in zuviel Problemen verheddern. Da Sie alles gewissenhaft erledigen wollen, wird das Chaos nur noch größer. Wenn die Figur auf der Karte aufsehen würde, könnte sie eigentlich nichts mehr sehen – die Stäbe verdecken die Sicht. Bringen Sie also jetzt zu viel neue Sachen auf den Weg, so kann dies sehr schnell in einem Chaos enden. Wählen Sie statt dessen Ihre Projekte aus. Und nehmen Sie sich dann nur diese vor.

Sonst kommt die 8 der Stäbe zum Einsatz. Das ist die Streßkarte. Sie würden zwar nicht »erschlagen« von den Dingen. Aber sie würde Ihnen doch einiges um die Ohren hauen. Das wiederum würde Sie dann aber wiederum in einen derartigen Zugzwang versetzen, daß Sie meinen, gleich mehrere Sachen auf einmal beginnen zu müssen. Und der Streß würde noch viel größer. Also – lieber ein paar kleine Schritte hin zum Ziel als zu große Schritte im Kreis. Lassen Sie sich durch Streß und kleinere Ärgernisse nicht aus dem Konzept bringen.

Verlieren Sie auch nicht die Nerven, falls es nicht gleich auf Anhieb klappt. Und machen Sie keinen alten Krebs-Fehler: zu schnell aufzugeben. Sie müssen im Grunde genommen nichts erkämpfen, nur ein bißchen auf den Lauf der Dinge achten.

27. bis 31. Dezember

Farbe

Silber oder Silberblau bringt Ihnen die nächste Zeit sehr viel Ruhe und Entspannung, falls Sie wollen. Um sich von den Anstrengungen der Vergangenheit zu erholen, sollten Sie jetzt verstärkt Silber tragen. Die Erholung wird dann nicht lange auf sich warten lassen, und Sie können verstärkt zu neuen Taten schreiten.

Edler Stein

Möchten Sie die angebotene Ruhe genießen, dann können Sie auch zu einer **Perle** greifen. Die »Tränen der Engel« wirken reinigend und gewähren Schutz. Der Volksmund sagt, die »Weisheit der Meere« liege in den Perlen. Vielleicht stimmt die Perle deshalb das Herz warm und verständnisvoll?

Pflanze

Rosmarin – diese wunderwirkende Pflanze – kann Sie auf den Weg führen, um zur Ruhe zu kommen. Es muß nicht immer ein dampfendes Vollbad sein – Sie können sich auch die wohltuende Wirkung von Rosmarin anders gönnen: Bereiten Sie sich ein schmackhaftes Essen mit frischem Rosmarin zu. Nehmen Sie den Rosmarin Stück für Stück bewußt in sich auf. Er wird Ihre Energien mobilisieren.

Aroma

Der immergrüne **Jasmin** verbreitet einen sehr reichen Duft, der eigentlich jeden betört. Bei Jasminöl reichen schon ein paar Tropfen aus, denn es duftet sehr intensiv. Das Schönste an Jasmin sind aber nicht seine bezaubernden Blüten und sein zartgliedriger Wuchs, sondern daß dieses Öl, das auch von Streß und Angst befreit, den Menschen so richtig für Muße und Erholung einstimmt.

Sollten Sie an inneren Spannungen leiden oder manchmal das Gefühl haben, innerlich zerrissen zu werden, dann kommt jetzt die Gelegenheit, dies zu ändern.

Diesmal werden Sie von der Hohepriesterin eingeladen, ihr Reich zu betreten – es liegt an Ihnen, ob Sie das Angebot annehmen wollen oder nicht. Das heißt, wenn Sie nicht mehr hin- und hergerissen sein wollen zwischen Müssen und Wollen, Bewußtsein und Unterbewußtsein, Herz und Verstand, dann ist jetzt eine gute Gelegenheit, die innere Zerrissenheit wieder auszugleichen.

Betrachten Sie die Hohepriesterin: Ohne Druck, ohne Muß sitzt sie auf ihrem Thron und bewacht die Wasser des Unterbewußtseins, verborgen hinter einem Schleier. Sie können eintauchen in dieses Unterbewußte und genußvolle Stunden seelischer Entspannung genießen. Alles, was Sie dafür tun müssen, ist, sich nicht ablenken, sich nicht durcheinanderbringen zu lassen, sobald Ihre Umgebung zu sehr auf Sie einstürmt.

Zum anderen ist dies auch eine günstige Gelegenheit, eventuelle Mißklänge mit Ihren Lieben auszuräumen. Die 2 der Kelche zeigt Ihnen ganz eindeutig, daß nun eine gute Zeit dafür ist, alte Verbindungen zu bestätigen oder neue Freundschaften einzugehen.

Doch auch hier sprechen die Kelche zu Ihnen. Die Kelche des Tarot symbolisieren das Mystische, die Geheimnisse und die Spiritualität. Für diese Dinge sind Sie als Krebs besonders empfänglich und können damit auch sehr gut umgehen. Genießen Sie also den ruhigen Ausklang des Jahres frei nach Art eines harmonischen Krebses.

Das persönliche Taroskop

Tarot und astrologische Horoskope – diese Verbindung bietet eine neuartige Jahresvorschau für jedes Tierkreiszeichen.

Widder (86182)
Stier (86183)
Zwilling (86184)
Krebs (86185)
Löwe (86186)
Jungfrau (86187)

Waage (86188)
Skorpion (86189)
Schütze (86190)
Steinbock (86191)
Wassermann (86192)
Fische (86193)

Gesamtverzeichnis bei Knaur, 81664 München

Schicksalsdeutung

(86134)

(86156)

(4244)

(86163)

(86080)

(86177)

Gesamtverzeichnis
bei Knaur, 81664 München

Astrologie

(4281)

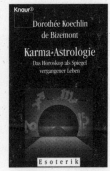
(4131)

(86158)

(4172)

(86039)

(86058)

Gesamtverzeichnis
bei Knaur, 81664 München